中华人物故事汇

邹容

中华先烈人物故事汇

主编 张海鹏
副主编 赵兴胜
编著 刘秀俊

学习出版社

目 录

Contents

引　子

邹容生于1885年，于1905年牺牲。他短暂的一生，恰好处于中华民族最为灾难深重的时刻；这20年间，西方列强掀起了瓜分中国的狂潮，清王朝政权的腐朽统治日益暴露，对中国人民的剥削、压迫几乎达到极限。身处那个时代的中国人民显然是不幸的；但从积极的角度看，或可谓邹容“生逢其时”，伟大的时代造就了一批伟大的人物。

邹容的伟大之处，就在于他既敏锐深切地感受到中华民族已经到了生死存亡的关键时期，并用睿智的头脑、极富煽动力的语言来揭露统治者的罪恶，擘画出一个至少在当时看来可谓先进社会的蓝图；更难能可贵的是，他并非仅仅是一个空想革命理论家，他更是一位切实的行动派，他所具有的坚强的毅力、充沛的勇气，特别是忧国忧民的家国情怀，使他敢于反对和反抗一切中外反动势力。换言之，他伟大的革命品质并不仅仅表现在文字和慷慨激昂的革命演说，更体现在敢于直视威权、直面死亡威胁的革命实践中。正如《庄子·秋水》中所说："白刃交于前，视死若生者，烈士之勇也。"

后人常常扼腕叹息于邹容的英年早逝，幻想假以天年，他定能做出一番更大的惊天动地的伟业。

01

那年那地 风雨如晦的近代重庆

邹容于 1885 年出生于四川巴县，也就是现在的“山城”重庆。

人们常说，“一方水土养一方人”，就是强调自然环境包括地理、气候等方面，对一个地区人们的生存方式，对当地人的生活习惯、为人处世、思想观念等，甚至对于当地的整个人文历史塑造都有相当的影响。至少对于邹容来说，确实如此。从气候上来讲，重庆四季分明；从地理条件来看，重庆属典型的丘陵地形，山即是城，城即是山。晚清重臣张之洞曾吟诗咏叹：“名城危踞层岩上，鹰瞵鹗视雄三巴。”在接下来的述说中，我们会一遍遍地感受到滋育了邹容的“山城”形象与邹容鲜明的“刚直勇悍”的性格特征是如此高度一致。

特别是在“千年未有之大变局”的近代社会中，重庆作为西南重镇，与整个近代中国的命运紧密相连。在中国逐渐沦为半殖民地半封建社会的过程中，重庆首当其冲，成为西方列强侵略四川、进犯西南的重要据点。1876 年，英国借前一年发生的“马嘉里事件”，强迫当时的清政府签订《中英烟台条约》，其中有一条引人注意的条款：四川重庆府可由英国派员驻渝，查看川省英商事宜。这一标志性的事件，表明以英国为代表的西方列强自 1840 年以来对中国的侵略和渗透开始由东南沿海向中西部腹地进一步深入。1882 年，英国政府任命贺西为领事长驻重庆。贺西是在重庆的第一位外国领事，英国领事馆也是西方国家在重庆设立的第一个领事馆。1890 年,《中英烟台条约续增条款》，即《重庆协定》又规定英国在重庆所享权益与其他口岸相同，正式将重庆作为通商口岸。事实上，在 1876 年《中英烟台条约》签订前的谈判中，英方代表已经明确要求清政府开放重庆为通商口岸，清政府以“川江峡滩险阻，轮船万不能行”为由加以拒绝，但英方仍不死心，双方商定“俟轮船上驶后，再行议办”。为此，英国人可谓费尽心机，先是特制了一艘适于川江航行的“固陵”号轮船，既而组成川江轮船公司，再经过多次谈判，终于迫使清政府签订了《重庆协定》。1891 年 3 月 1 日，重庆海关正式开关。中国海关总税务司赫德任命原宜昌海关税务司、同样也是英国人的好伯逊为重庆海关税务司，掌管重庆海关的行政、征税大权，同时兼管港口事务。

重庆海关的设立标志着重庆正式开埠。此例一开，其他各国列强纷纷仿效：1895 年，日本凭借中日甲午海战的胜利迫使清政府签订了《马关条约》，要求与英国“利益均沾”，重庆为日本开埠。很快，法国和美国也提出了同样的要求，并在重庆设立了领事馆。各国领事馆大抵都在当时的七星岗通远门内附近，形成了领事馆区，也就是后来的领事巷。从此以后，重庆加速沦为东西方各国列强进占西南、瓜分中国的前哨阵地，同时也逐渐成为这些老牌资本主义国家的原料供给地和大宗商品倾销市场。

1901 年，更加丧权辱国的《辛丑条约》签订以后，整个中国进一步堕入半殖民地半封建社会的深渊，甚至已经完全沦为半殖民地半封建社会，各帝国主义国家加紧了对中国的全面控制和掠夺。这不但使中国丧失了更多的主权，同时也给中国人民带来了沉重的负担和深重的灾难。比如，规定了堪称天文数字的赔款数额 4.5 亿两白银：这一数额的制定既是出于对全体中国人民所进行的反抗特别是义和团运动的惩戒，因为当时中国人口正是 4.5 亿，其用意就是要求每个中国人都要交纳 1 两白银的“罚金”，以此惩罚、侮辱所有的中国人；同时这一赔款数额也是考虑了当时清政府所能承受的最大限度。当时清政府的海关总税务司、英国人赫德对中国各类税收情况进行了估算，得出中国每年可承担 2000 万两白银赔款的推论，这才有了《辛丑条约》中规定赔款 4.5 亿两白银，且分 39 年还清的条款。本息合计再加上地方政府的额外赔款至少 10 亿两白银。由于八国联军侵华这场浩劫发生在 1900 年庚子年，故而历史上将这笔赔款也称作“庚子赔款”。沉重的负担不但压得中国人民不得喘息，同时也使中国经济遭受致命打压，完全沦为各个帝国主义国家的附庸，任其奴役。除了经济方面，列强们还在政治和精神上毫无底线地控制和欺凌中国人民，胁迫清政府作为刽子手镇压反帝斗争。比如永远禁止中国人民成立或加入任何“与诸国仇敌”的组织，违者处死。同时各省官员务必保证外国人的安全，否则立即革职，永不叙用。凡是发生反帝斗争的地方，停止文武各等考试5年。可以说，《辛丑条约》是中国近代史上主权丧失最严重、赔偿数额最巨大、精神屈辱最深痛的不平等条约，更为严重的是，清政府基本放弃了抵抗外侮、奋发图强的意志，甘心沦为帝国主义统治中国的代理人和工具。这使得帝国主义更加肆无忌惮地全面向中国腹地扩张势力。

重庆也不例外。各国列强通过各种手段在重庆抢占租借地，大肆开办工厂、洋行来攫取利益，大规模勘测航道、修建铁路，疯狂盗掘矿产资源，包括重庆在内的“天府之国”成为各国势力竞相角力、肆意劫掠的对象。新兴的日本更是后来居上。

作为《马关条约》的延续，1896年签订的《中日通商行船条约》不但确认了日本可以在各通商口岸设立领事馆，而且进一步认可日本在中国取得最惠国待遇。1901年9月，日本又趁列强企图瓜分中国之机，与当时的清政府签订了《重庆日本商民专界约书》，抢先获得了在重庆设立租界的特权。这一条约的第一条便规定了在重庆府城朝天门外、南岸王家沱设立日本专管租界。可以说正是通过这一条约，日本开始在重庆建立了“国中之国”。在这里，租界内警察之权、管辖道路之权，包括界内一切施政事宜，均由日本领事官管理。界内地基，只准日本人承租执业，中国人及其他各国人，只能居住、营业，不能在界内租地。同时还规定嗣后别国租界施设事宜，如果另有好处，日本租界亦须一体均沾。当然这一做法很快便为其他各国列强利用“利益均沾”的原则加以仿效。说到“利益均沾”原则，如今读来，仍然令人立刻便在脑海中浮现出那些平日里道貌岸然的列强在面对唾手可得的猎物之时，所展露出来的极度贪婪的面目：它充分显示了这些侵略者对当时的清政府和中国人民极尽搜刮之能事后，仍意犹未尽，生怕有所遗漏，还要清政府信誓旦旦地保证来日再有任何好处他们仍有权再分一杯羹的狡诈猥劣之本性。

至此，重庆的大门被迫完全向各帝国主义国家打开。各种外国的公司、工厂、洋行等迅疾在重庆街面开设，比如日本开设的有邻公司、大阪洋行、又新丝厂、武林洋行、日清公司等。特别是攫取了川江航行权之后，东西方列强们的商船更是堂而皇之地驶入重庆江面，大量倾销本国商品，且大肆掠夺包括重庆在内的四川甚至是西南地区的原料如羊毛、煤、金、铁、石油等矿产资源，且愈演愈烈。据统计，1892 年经重庆海关输出的羊毛为 10478 担，而到了邹容离开重庆、同时也是《辛丑条约》签订的 1901 年，这一数字上升为 16824 担。为了保障自身的侵略利益，1899 年悬挂着米字旗的英国军舰“山鸡”号和“山莺”号首先驶入重庆，很快其他列强亦如法炮制。法国军舰“奥立”号、德国军舰“华特兰”号、美国军舰“盖巴勒斯”号、日本军舰“优见”号等各国军舰、炮艇开始常年在重庆江面横冲直撞、耀武扬威。这既是对重庆人民的政治奴役、经济压榨，也是一种惨痛的精神凌辱。此外，西方列强还从宗教、文化方面加以侵略和渗透。自省会以至各县市，遍布教堂，教徒多达 50 万人。1891 年，美国基督教传教士创办了私立求精学堂，之后英国开办了广益书院，法国亦开设了法文学堂。诸如此类，可以说重庆和之前东南沿海的各个通商口岸一样，成为帝国主义全面掠夺和控制西南地区的重要据点。

伴随着帝国主义国家侵略的加剧，以慈禧太后为首的清政府越发变得软弱无能，既无心去抵抗，又无力图富强。甚至为了维护自己的统治，甘愿成为列强们在中国的代理人，厚颜无耻地提出，“量中华之物力，结与国之欢心”。为了偿付巨额的赔款及利息，为了镇压人民的反抗，同时保证自身的统治利益，当然奢靡的享受亦绝不能少，清政府加紧了对人民的剥削和压榨。为便于直观地了解这一点，包括理解下文我们将要叙述的邹容家乡的境况，我们仅以《辛丑条约》涉及的人均一两银子的赔偿标准作为参照。据清代军机处档案的记载，光绪十五年，也就是公元1889年，当时直隶省的粮价，以谷子、高粱、玉米3种粮食计算，平均每仓石计银1两4钱6分。我们可以将这一数字加以简单的换算，大致得出当时的一两银子可以购买107斤左右的粮食。107斤粮食以现今的生产技术下的粮食亩产量来说，可能并不多，但我们的时间坐标是定位于清代，这一时期即便是比较高产的小麦的亩产量也只有130斤左右。由此，我们不难想见，按照《辛丑条约》的赔款数额以一个中国人赔偿一两银子的标准，当时一个10口人左右的家庭，仅是这一项负担就足以令人挠头了。

再来看看邹容故乡的情况。仅从1897年算起，这一年，清政府为归还法、英、德、俄4国借款本息每年1200万两，分派给四川的部分为每年94万两；1898年，又为了偿还甲午战争对日本的战败款，要求四川分担104.7万两；之后的本息合计达10亿两的庚子赔款又分派给四川每年承担261.8万两。最后的结果只能是各省又分摊给各个州县，州县复又分摊给各色人等。层层转嫁，再加上层层盘剥，普通百姓苦不堪言。根据时任四川总督丁宝桢向朝廷的奏议，在19世纪80年代，四川的“正供”田赋之外，有按粮津贴，可得60万两；津贴不足，则又按粮捐输，可得80万两，除此而外，仍有120万—130万两的缺口，这已然是“巧妇难为无米之炊”了，为此只得巧立名目搜刮百姓。之后情况更加恶化，苛捐杂税真可谓多如牛毛。到19世纪90年代，奎俊任四川总督之时，甚至连农民到城里担粪，都要抽取所谓的粪税。每担收取数文，每厕每月则取数百文之多。税至于粪，可见各种杂税之多真可说是“无微不至”了。更可气可笑的是甚至出现了“一鸡一猫入城，莫不有捐”的情况。增旧税、立新税，各种税负已经超过“正额”的十几倍，后来更达到数十倍之多。遇到年景很差的时候，特别是邹容离开重庆之后的1902年，四川大旱，一些地方出现了“或男或女相守僵于牖下”，“或骨肉并命惨填沟壑”，或卖妻鬻子，甚至“一家之长先杀其属后乃自裁”的惨烈景象。

对于这种悲惨状况，从小便关心民生与时事的邹容很是义愤填膺，他的反清思想也由此逐渐萌生出来，并且日益强烈。

哪里有压迫，哪里便会有反抗。事实上，早在帝国主义国家的势力全面入侵之前，重庆地区已爆发了数次与教会势力的冲突。最著名的便是1863年的法国教案。这次教案缘起于1862年，法国天主教会凭借《天津条约》提出由于川东地区的四所教堂被占用，需要另觅新址修建教堂。川东道同意将长安寺改建为天主教堂。这一消息很快便为重庆士绅及普通百姓知晓，立即引起公愤，双方一度僵持不下。到了1863年3月，突然有“毁佛铸炮”的传言遍布城内。重庆人民立即行动起来，捣毁了当时在重庆最大的法国真元堂，掀起了反教风潮，继而又将教堂所设的医馆等教会机构，包括教士住宅及商铺等捣毁。这次教案虽然以法国教会获得赔偿、重新选址的和平方式收场，却实在可以称得上是重庆人民反西方斗争的一次勇敢尝试。随着西方势力的大规模侵入，加之清政府以及地方政府的腐败无能及变本加厉的剥削，重庆人民越来越强烈地感受到生存危机。到了邹容出生的1885年，由于英、美教堂大张旗鼓地购买土地修建教堂屋舍，在动迁方面引发当地群众的强烈不满。第二年，愤怒的群众及武童生将英美教会新建房屋全部捣毁，并与一些恃教无理的教民发生激烈冲突，死伤几十人。这进一步激发了重庆人民的斗志，成千上万的群众拥入城内的教堂、教会医院、教士住所，发泄心中的怒火。与此同时，商人罢市、武童罢考，强烈要求驱逐传教士、严惩不法教民，以此配合这次打教行动，影响很大。川东30余州县“声言打教，其势汹汹”，甚至毗邻的湖北等地也相继发生了类似的打教事件。

应该说，自此之后，深受压迫的重庆人民发动了连绵不绝的反抗斗争。1886年、1887年、1890年，重庆属地大足县龙水镇便发生了3次打毁天主教堂的行动。特别是1890年的打教行动引发了重庆历史上著名的余栋臣起义。这一年，法国传教士为了避免在即将到来的灵官会再次发生打教行动，暗中要求当时的大足县令下令禁止龙水镇举办灵官会。这反而激起了当地人民的义愤之情，加之此时又发生了教民欺凌群众的事件，因而便引发了又一次的捣毁教堂的打教斗争。教会强烈施压要求当地政府尽力捉拿并严惩为首民众，不甘受辱的群众在余栋臣的领导下揭竿而起，发动武装起义，发布战斗檄文，严词声讨包括教会在内的西方侵略者“无法无天”“欺侮中华”，对于与教会势力相勾结的地方官绅，直指其“不惟助纣为虐，反而与贼同情”；号召人们驱赶传教士、反抗外族侵略。虽然这次起义很快失败，但在当地影响颇大，大足、铜梁等地均有规模不等的反抗行动，而且时隔8年，余栋臣又继续领导了第二次起义。由前文的叙述，我们不难发现，这8年，亦是重庆不断向东西方列强敞开门户的紧要阶段，各国势力争先抢滩重庆。特别是甲午战争中国败于蕞尔小国日本，签订丧权辱国的《马关条约》，令包括重庆人民在内的全国民众既震惊又愤怒。1898年，余栋臣领导的起义军再次竖旗起义，重新发布告示，历数外国侵略者之罪行，指出当时中国所面临的严峻的民族危机，提出“顺清灭洋”“除教安民”的口号，愤而发出“爰起义师，誓雪国耻”的铮铮誓言。一方面誓要“驱异族之犬羊”，另一方面警告那些准备镇压起义军的官兵，“当与洋人同罪”，表现出大无畏的斗争精神。虽然这次起义仍以失败告终，但其声势浩大，队伍人数一度达万余人，周围 30 余州县纷纷起而响应，令中外侵略者、统治者甚为惊慌，亦充分展现了重庆人民的反抗决心。

然而，我们也不难看出，这种反抗还处于比较朴素的、偶然的、个人英雄主义式的初级阶段，是大多数人民群众在日常生活中，遭遇到本地洋人、教民或与洋人相勾结的官吏的不公平对待的时候发生的，往往是突发性的、感性的义愤情感的直接宣泄。劳动人民的斗争诉求，要么是出于单纯的经济利益，要么是出于更为单纯朴素的排异心理，对于这个“千年未有之大变局”的到来，缺乏敏锐的认知和充分的准备。大多数情况下，既没有严密的组织，也缺乏有效的斗争手段，包括武装斗争的丰富经验。由于偶发的特性，往往呈现单打独斗式的点状冲突样态，不能形成联动性的大规模区域运动，自然也就不能撼动强势入侵的西方势力。最重要的是，他们对当时整个中国社会缺乏系统的认识，既不能将本地区与全国的形势组合起来作通盘的综合考虑，更不可能认识到当时中国的社会性质及主要矛盾。人民群众的斗争对象仍然仅仅停留于生活中可以接触到的教会和教士，对帝国主义全面侵华的性质认识不清；另外一个突出特点是仍对清政府抱有幻想，比如余栋臣起义中，虽然也有对统治者“与贼同情”的控诉，但主要针对的是本地与洋人勾引的小官小吏，而非整个清政府。这次起义还特别提出了“顺清灭洋”的口号，包括余栋臣本人最后也被政府招安，可见其对清政府的腐败统治缺乏充分的认识，更对清政府已逐渐为西方列强的强大攻势所降服，甚至开始沦为其在华的代理人这一趋势，毫无感知。这说明，旧式的小农起义并不能适应新的斗争形势，只能是昙花一现，于改变现实无益。换言之，新的时代需要睿智的思想家，需要彻底的革命家；面对强大的双重敌人，面临充满荆棘的险途，更需要大无畏的殉道者。

人们常说，时势造英雄。从辩证唯物主义的观点来看，诚然时势造就英雄，但英雄们往往也是那些能够通观时局、敏锐感知时代脉搏的先知者，是引领时代潮流的先行者。我们的主人公邹容便是如此。

02 天星坠落洪家院

让我们再来近距离地考察一下邹容的家世。邹容生于四川巴县，也就是现在的重庆，事实上，邹容的祖籍是湖北麻城孝感。至少咸丰六年（1856 年）修撰的《邹氏宗谱》还特别谈到孝感乡所在地。也就是说，邹氏是自湖北迁至四川的。中国历史上曾经发生过多次大规模的移民潮，“湖广填四川”便是其中一例。其规模之大、持续时间之久，令人惊叹。自元末明初以来，“江西填湖广”“湖广填四川”，到明朝末年，四川已经成为一个以先前的湖广人为主体的社会。这种态势至少还延续到了清代中后期。邹容的先祖便是顺应这波移民潮，从湖北麻城孝感迁至四川的。而且湖北麻城也是“湖广填四川”的主要力量，所以才会有“湖广填四川，麻城过一半”的说法，还有诸如

"问君祖籍在何方，湖广麻城孝感乡"的说法。之所以会产生这些说法，还有另外一个重要原因。麻城孝感乡不但移至四川的移民数量多，而且人才辈出，成为当地社会的主流，最终逐渐被移民群体作为一个公共印象流传下来。事实上，从大的历史范围来看，移民群体大多比较具有拼搏开创精神，这点从邹容的家庭也可以得到佐证。

关于邹容家族何时自麻城迁至四川，现在还难以得出具体、确凿的结论。据邹家后人回忆，可能是自曾祖辈始迁至四川巴县，住在距离重庆大约 90 里的木洞。这里原是一个小码头，邹容的曾祖邹建及祖父邹世兴便靠着做一些小百货生意来维持一家人的生活。随着木洞码头的逐渐繁荣，邹家的生活境况也日趋转好，还临江兴建了邹家馆。邹家馆占地 300 多平方米，前面是经营冷酒生意的门面，服务来往于江面上的船帮纤夫；后面是院子。至此邹家总算在四川安定下来。邹容的祖父育有两子，分别是邹容的伯父邹义泰和邹容的父亲邹子璠。邹义泰继承了木洞邹家馆的生意，邹容年纪稍长一些的时候，还曾多次和好友杨庶堪来到这里。

邹容的父亲则年纪轻轻便离家到重庆城里的一家店铺做学徒。邹子璠一方面脾气火暴，清高又倔强，不耐烦读书、舞文弄墨；但另一方面头脑却很灵活，又独立上进，富于冒险精神，加上他从小跟随在经商的祖辈、父辈身边，又有当学徒的经验，很快便开始自立门户，走上独自经商的道路，而且生意越做越大。他还把自己的父亲也就是邹容的祖父接到重庆，并且为了便于打理生意，又在磁器口对岸的石马河安了新家。在这个依山傍水的地方住了10余年后，随着生意规模的进一步扩大，邹容的父亲又在城内夫子池购置了洪家院子。1885年，邹容就出生在这里。邹家的店铺取名为“利川升”，地点就在现在的解放东路重庆市工商联附近。主要经营各种杂货生意，而且经营范围不仅限于重庆或四川地区，而是扩大到全国不少大中城市。邹子璠富于冒险家的进取精神在他的经商生涯中发挥了重要作用，他的足迹遍布成都、西安、武汉、上海、广州许多地方，自然也把生意做到了这些地方。比如一条典型的经商路线便是把四川的蚕茧、白蜡、食盐等特产沿江运到宜昌、汉口、上海等地，再将江浙一带的丝绸等苏广货运回四川销售。如此看来，邹子璠也可算是生财有道的商人了。

到 1885 年，邹容出生的时候，邹家的经济情况已经相当不错，这自然为邹容能够接受良好的教育提供了物质基础。但同时邹家这种商人家庭，免不了要接触形形色色的各等人物，包括大行其道的洋人、贪婪的地方官员、穷苦的劳动人民等等，自然使得邹容能够广泛接触近代重庆社会的方方面面，进一步激发他改变现实的强烈志向。

邹子璠先后娶妻刘氏、郛氏、杨氏，共育有八子四女。八子分别名为绍阳、绍陶、绍隆、绍曾、绍培、绍陵、绍陞、绍陈，四女名字除了次女名邹兰外，其他三女名字尚难以考证。原配夫人刘氏生下长子绍阳不久便去世了。邹容的母亲郛氏是其父亲续娶的第二任夫人，共生育三男二女，邹容便是郛氏生下的第二个孩子，家里的次子，取名绍陶。邹兰也是郛氏所出。郛氏之后，邹子璠又娶了杨氏，生有四男二女。这些孩子除了长子绍阳、次子绍陶、次女邹兰、六子绍陵外，其他子女鲜少为后人提起，这可能与早夭有直接关系。所以，邹容虽生于人丁兴旺的大家庭，但与他朝夕相处的家人除了祖辈、父辈外，便是长兄绍阳、二妹邹兰及六弟绍陵了，他与这三人的关系自然也最为亲密。我们仅以邹容长兄绍阳为例，大致了解一下邹容的家庭及其成长的环境。

邹容长兄邹绍阳，又名邹完，字蕴丹，又字阳伯，生于 1877 年，长邹容 8 岁。不同于父亲邹子璠的性情，邹绍阳为人谦和。作为长子，自然被家庭寄予厚望，受传统教育及家庭影响很深。父亲邹子璠希望他能够改变商人家庭的形象，他便一心以读书致仕为目标，向往科举之途。除此之外，由于他的母亲早逝，舅父刘华廷格外关照他，对他的培养倾注了很多的心血。刘华廷也是一名商人，在四川巨商刘继陶经营的“德厚荣”商号任上海分庄经理。由于身家背景相同，他与邹子璠惺惺相惜，志同道合，虽然都在商场叱咤风云，经营有道，但内心深处仍抱持着浓厚的守旧思想。在他们看来，“万般皆下品，唯有读书高”，且“商”又为四民之末，因此像他们这样的家庭，往往勉励自己的子孙刻苦研读经书，认为读书致仕才是正途。

事实上，这种思想在当时普遍存在。即便是富商刘继陶，作为重庆的第一个“百万富翁”，也是有感于常常被官府和官员勒索和欺压，便重金延请名师硕儒在家开设教馆，甚至建起了藏书近万卷的“传经书室”，其用意无非是希望后代子孙能够出商入仕。邹绍阳也确实不负父亲及舅父的期望，早年便考中了秀才，之后缓步升迁。1909 年，得中乙酉科的拔贡，他的父亲与祖父亦因此得以被清廷赐予五品封典“诰封奉政大夫”，这在当时很多人看来可谓光宗耀祖了。1910 年，绍阳又得到候补知县的官衔，受陕西凤翔知府尹昌龄之邀，成为其幕僚；1911 年，再次被提拔做了城固县知县。后来由于辛亥革命的爆发，清王朝的覆灭，邹绍阳的仕途亦告终结。

总体来说，长兄绍阳是按照祖辈父辈的期许和规划一步步成长起来的，自幼及长，基本在封建伦理及等级秩序的严格框架下，视宗法为“辨先祖宗庙昭穆亲疏之法也”，以家族为本位，将全部精力贯注于科举，以此作为光耀门楣的正途。之所以特别提及这一点，因为这正是邹容与长兄的大不同之处，换言之，以邹绍阳为参照，邹容走的是一条背道而驰又充满荆棘的险路。说到“参照”，如果我们稍加比照的话，绍阳和绍陶这两个名字很显然是出自《诗经》，“君子阳阳”“君子陶陶”，加上“绍”字，自然是要上绍古人，所绍之人很可能是“颛顼高阳氏”及制定刑法的皋陶。由此不难看出家人们对两兄弟均寄予厚望。而之所以说“背道而驰”，只是对当时的人来说两人差异极大，若是从我们后来者的视角看来，不论是邹绍阳还是邹容，兄弟二人不论是对于整个国家来说，抑或是对于他们的家族而言，都足可令人称道，可谓殊途同归。当然这点也不能一概而论，通观邹绍阳一生，他对邹容所走的路，也并非不以为然，持完全否定的态度。邹容牺牲后，哥哥邹绍阳冒着巨大的危险，悄悄珍藏着弟弟所作的《革命军》，这绝不能仅仅用兄弟手足之情来解释，更说明了邹绍阳此时对于革命、对于革命者的态度已悄然发生了变化。过往那个旧传统、旧秩序的坚守者显然已经逐渐转变为革命的同情者。在邹容遇难后，他还与受邹容事迹鼓舞而放弃科考、志愿革命的志士黎怀瑾结为好友。

在黎氏遭到追捕时，将之藏于自己家中；在黎氏1911年筹划起义之时，他提醒好友“对人宜谨言，谋事宜细心”；在黎惨遭杀害之后，他又挥笔写下了《黎怀瑾事略》《烈士黎怀瑾事略》。这既是对革命救国路线的肯定，亦是对弟弟邹容遗愿的最好承继。

有学者指出，如果邹绍阳是家里的“肖子”的话，那么邹容便可谓“逆子”或“不肖子”了。诚然，人们进行判断的标准，当时和当下是有区别的。以我们当下的眼光看来，邹容确实在更高的程度上，为了国家命运的改变，为了民族大义，作出了不朽的功业，实现了长辈对于子女荣耀家族及乡里的期许，绝非“逆子”。但在当时看来，恐怕所有人都会将之视为“不肖子”“异类”。邹容与父亲邹子璠其实是有许多相似之处的，在很多甚至很关键的方面“肖”父。比如性格方面，有亲友便曾提到邹子璠“性情暴躁”，有“独立精神”，“不喜欢文墨”。还有学者从一些事实入手，认为此人性格中还有颇为倔强及清高的一面。虽然他像当时的很多商人一样，急于摆脱“商人”形象，希望后辈子孙能靠读书致仕来提高政治地位，但他并没有采用商人们常用的通过捐纳取得功名或职衔的做法，而是一直等到邹绍阳得中乙酉科的拔贡，才顺理成章地得到朝廷的封典。到清朝末年，“捐纳”“卖官鬻爵”等现象颇为盛行，几近泛滥，所费无多，以邹家当时的经济实力应该说并非难事。之所以不做，恐怕更多的是不屑做。再结合后文亦会反复谈到的邹容的性格及邹容的事迹，这种倔强和清高的性格特征应该就是邹容“肖”父之处。而且，至少在邹容赴日本留学之前，包括留学这件事，邹容的大半人生轨迹都是在父亲的首肯、支持或默认之下展开的，这一方面说明父亲基本上是理解邹容对于读书、科举之路的厌憎之情的，他大概也有同样的心路历程；另一方面也说明邹容父亲并非一个完全守旧之人。就如邹容长兄邹绍阳一样，我们在看待这些人物的时候，要特别注意到人物本身的矛盾性、复杂性。

现在是时候切入我们的正题了。邹容生于1885年，这一年正值中法战争接近尾声，清政府在局面占优的前提下，与法国签订了《中法新约》，承认了法国对于越南的保护权，重开双方贸易，同意在中国边界内开辟两个通商口岸。这一条约不但暴露了清政府的软弱无能，无心与西方列强恋战的心理，同时也使西南门户洞开，影响深远。自此之后，帝国主义国家越发肆无忌惮，加紧了对整个中国特别是之前一向较为封闭自守的西南地区的渗透和控制。邹容生于兹时，长于兹地，一直到 1901 年经上海赴日本留学之前，16 年"目睹之怪现状"，无不令他产生强烈的现实关怀，从而终生致力于国家民族命运的彻底扭转。晚清四大谴责小说之一的《二十年目睹之怪现状》，恰好描述了自 1884 年中法战争至 1904 年前后 20 年间，晚清社会的种种怪现状，实可作为我们了解邹容的思想及家庭背景的部分注脚。

按之前的一般说法，邹容年仅 20 岁便瘐于狱中。其实细究起来，很可能邹容牺牲之时尚不足 20 岁。按章太炎所作《赠大将军邹君墓表》及当时的《申报》所载，可以知道邹容之死的确切时间为 1905 年农历二月二十九日夜半，即公历的 1905 年 4 月 3 日凌晨。接下来的关键问题是邹容出生的具体时间。就现有史料来说，这一问题尚不能明确解决，但目前学界至少有两种猜想。一种是从邹绍陶这个名字进行的推测。前文曾提到绍陶这个名字可能是上绍古人皋陶，同时还可能是因应皋月这个月份。皋月便是夏历中五月的别称，时至今日受中国文化影响很深的日本仍习惯于将五月称为皋月。另一种则是从邹容的谱名“桂文”展开的推想，认为他可能生于桂花飘香的农历八月。仅就这两种说法来计算的话，邹容去世之时实不足20岁！令人可叹！

邹容的名字，有人说是其赴日留学时自己所改。但笔者目前尚未能查明其出处。但有一点疑问：至少我们目前知道，邹容的大哥除了“绍阳”这个名字，还另有“邹完”一名；而其六弟除了“绍陵”这个名字，亦有一单名叫作“宇”。仅从字形上来考量的话，邹容大约也应该有一个类似的名字，至于是否就是“容”目前亦难骤下结论。同时邹绍阳字蕴丹，邹容字蔚丹，这样比较下来，越发使人怀疑“邹容”一名的启用时间是否真如之前的说法那样晚。或者早年确实有邹容这个名字，只是用得较少；赴日留学对于他本人来说可能意味着一种新的人生启幕，因而在此时开始更多地使用这个名字，也未可知。

至此，我们基本上清楚了邹容的名号。邹容，名绍陶，谱名桂文，字蔚丹，也作威丹。关于他年幼时候的事，后人已所知不多。但对于他的脾气禀性，同辈及后人却屡有提及，令人印象深刻。邹容尽管在人生的目标及志趣方面与父亲截然不同，但在性格方面却实在是“肖”父之“子”，既倔强又清高，富于反抗和冒险的勇气与精神，不流于时俗，信念坚定，且为人耿直，甚至常常出言不逊。

这种性格是有缺陷的，是他性格当中坏的一面。我们不必讳言，这也并不影响后人对邹容功绩的评价。他的表哥童宪章说他“幼不羁，好大言，傲视一切”，于是便常常对他予以劝诫，但邹容不以为然，有时还会和朋友大骂表哥的迂腐。邹容准备留学日本之时，有些亲友表示反对，比如董蓉伯曾劝说邹容的父亲，认为一旦让邹容离开，他一定会闯出大祸危及家庭的。邹容听说了以后，情急之下操起菜刀就要找到董氏拼命。甚至和他并肩作战的章太炎也就是章炳麟，也曾感叹邹容因为年轻气盛、忧愤成疾以致瘐于狱中时，提到他“年少慓急”。章氏还曾提到邹容年少时，因为父亲嗜好吸食罂粟膏，曾毫不讳言地在大庭广众之下批评父亲：“食罂粟者当断头。”气得父亲好半天说不出说来，最后只好幽幽地叹道，你难道不知道什么叫作“为亲者讳”吗?

章氏还曾回忆邹容自日本回到上海住在爱国学社时的状况，其中几件小事令人印象深刻。由于邹容在历次反帝爱国运动中的积极表现，许多教员争相与他结交。而邹容却是个倜傥洒脱之人，不大在意这些人情世故，甚至有些清高“任气”，“视朋辈无足语者”，唯独对章太炎既佩服又信任，甚至甘愿与章氏一同赴死。而对于其他人，比如爱国学社的一些学生，他还曾直接嘲讽他们说，你们在上海这个花花世界，整日徜徉于声色犬马之间，学习些英文，也不过是替洋人效命，于中外之学你们所知能有多少呢?这一下，差点引起这些学生的群殴!

甚至是对某些主张革新的爱国人士，邹容也

是毫不客气地加以诘责甚至讽刺。比如曾经协助孙中山组建兴中会的冯镜如，早年为经商的便利加入了英国籍，1903 年在上海发起张园国民议政会，邀请邹容与会。邹容到场后大声质问他：你既然早已加入英国籍，那我且问问你，你这个议政会，到底是中国国民的议政会呀，还是英国国民的议政会呢？！直说得冯镜如面红耳赤，羞惭不已，“逡巡退去”。

我们更应该注意到邹容的性格虽然有其弊病，自然也有其难能可贵之处。重要的是能否将这种可贵之处发挥得更充分。邹容的父亲，便是靠着这种倔强、勇敢、坚强、雷厉风行的作风，经商有道，使整个家庭生活无忧；而我们综观邹容短暂的一生，也正是承继了父亲的这种性格和作风，这种性格与作风往往与强烈的探索精神和求知欲相伴而生，这些使得他不但敢于怀疑一切、质疑传统和威权，而且能够独立思考和看待问题，往往能够透过现象洞察出其本质，能够敏锐地感知未来的趋势和方向，更使得他以大无畏的胆量和精神去宣传和实践自己的理想。

03 少年壮志扫胡尘

邹容生而早慧，家里又很重视教育，他 6 岁便开始在父亲的要求下入学读书。到 11 岁的时候，许多经书都已经读过了，他还特别喜欢学习历史，《史记》《尚书》等史学名著都能朗朗上口，做文章时亦能信手拈来。父亲对他寄予了很高的期望，把他送到重庆经学书院，跟随四川著名的经学大师吕翼文学习。在这里，他不但对于经籍义理阐说方面的经训有了更深入系统的学习，而且还学习了《说文》等文字学方面的知识。这为他日后能够写出诸如《革命军》这类传诵一时的佳作奠定了很好的基础。但是，邹容的求学、上进之路注定是不平静的，甚至是不容于世人的。

首先要面对的便是与父亲邹子璠的矛盾与异见之争。父亲一直希望邹容能够好好研读经书，做好八股文章，以科举致仕为正途，甚至对他以“翰林相期”；而且他的哥哥邹绍阳就是这样循规蹈矩地早早考取了秀才。父亲自然有理由相信只要邹容肯努力，也必定会有所成就。然而，既聪慧又敢于独立思考的邹容，很快便对这一路径感到厌恶甚至是痛恨，于是冲突在所难免。对于父亲时常让他以科举为重的严厉训诫，邹容不但不以不然，还经常直言顶撞，甚至有一段时间嗜好研究篆刻，每天花费很多时间在这件事上，最终不免被父亲施以家法处置，直打得屁股鲜血直流。但邹容仍然坚持自己对于科考制度的看法。他对父亲说：“臭八股，儿不愿学，科场儿不愿入。衰世的科名，得之又有何用？”父亲愕然地看着邹容倔强的小脸，最终也只能长叹一声。想必听了这些话，父亲邹子璠也只能暗地里承认这个“不肖子”说得还是有几分道理的。

邹容的反抗自然不仅仅限于家庭层面。他 12 岁，便跟着哥哥一道参加了当年在家乡举办的童子试。童子试也就是通常所说的童试，是科举时代参加科考的资格考试，又分为县试、府试和院试

3 个阶段，通过府试的才可称为童生，直到院试合格后才称为秀才，也只是有资格进入官学正式参加科举考试。也就是说，其中的佼佼者还要逐级参加乡试、会试、殿试。可以说，这是一条漫长又淘汰率极高的考试之路。即使是最低级的童生，许多人都要经过多次尝试才能成功，后面的难度系数更是逐级递增，大多数人读了几十年的书，最终也往往还只是童生，头发花白的老童生。这种考试制度看似公平，但结合其考试的内容来看，往往是在固定的格式里书写一些程式化的、迂腐的文字，因而实际上造成了人才和资源的极大浪费，并不能有效地选拔出真正能够经世治用的人才。邹容对此早有感受，自然对这种考试全然没有敬畏之心。在这次童子试的考场上，由于题目晦涩生僻，便有考生要求主考官略加解释，遭到考官的严词拒绝。这引起了脾气火爆的邹容的强烈不满，他立刻站起身来，质疑主考官并与他辩论。这使得主考官更加恼羞成怒，以违反科场规定为由，叫人打了邹容手心二十大板。邹容自然也不甘示弱，慷慨激昂地回击道："我得罪的人是你，凭什么要差别人来打我？要打

你自己来打吧”。转身愤然离开考场，并且从此再未踏入过。这表明邹容已下定决心与象征着顽固守旧势力和传统的科举考试制度彻底决裂。

邹容的反抗也同样在他求学的经学书院里展开。他不但反抗腐朽的科举制度，而且更加认清了这一制度所依存的旧传统、旧制度和旧思想。据邹容的家人回忆，他在重庆经学书院读书的时候，便想剪掉象征清廷奴役和压迫汉族人民的辫子；他不但自己不愿留辫子，还把一个同学的辫子也剪掉了，惹得对方家长气急败坏地来找邹容的父亲评理，甚至威胁邹家要将此事闹大，把全家人吓得胆战心惊。要知道，在当时的重庆，这种行为足以引来杀身之祸，甚至会连累到家人。

还有一次，邹容因不满于官府的腐败，官场的乱象，激于义愤，在大街上指名道姓地大骂一名政府官员，官府闻讯后准备派人捉拿他。他的好朋友兼经学书院的同学，同时也是革命志士的杨沧白听说后，赶紧拉着他跑到远处观音岩的一所寺庙里，躲藏了整整一日一夜。由于官府也没有得到确切的消息，这件事便不了了之，邹容也转危为安。

即便是在经学书院里的日常学习中，邹容也时时发表些在时人看来属于异端的言论。这些事迹他后来还曾一一讲给同样被人认为癫狂的章太炎听。章太炎在《邹容传》里说他，这一时期时常放言高论，“非尧、舜，薄孔子”，攻击程、朱及清儒学说，这些被传统士人奉为圭臬的经典被他批驳得简直“体无完肤”，真是无所讳言。还有一个例子也可以说明邹容对于这些误人不浅的所谓“经典”的反感态度。当时书院中常常有先生以前人所作《神童诗》勉励学生们努力学习，读书致仕。诗云：

少小须勤学，文章可立身。

满朝朱紫贵，尽是读书人。

邹容听了之后，感到人们仍然深深地迷信和迷恋于科举考试的陈腐模式中，对于封建政治及清王朝的虚伪毫无认知，于是他提笔改作这首诗：

少小休勤学，文章误了身。
贪官与污吏，尽是读书人。

我们知道，邹容其实并非反对勤学，并非劝阻人们不做文章。只是在他看来，勤学的内容和所做的文章并不应该是这些禁锢人们思想、残害青年人心灵的封建礼教、封建毒物。而且他看透了那些追名逐势的官吏，虽然这些人也读了很多书，做了不少文章，但最终也不过只是封建统治和清政府的爪牙和走卒，于国家的真正富强，于人心世道，毫无裨益。然而，他的老师吕翼文先生实在不能忍受他的这些离经叛道的言行，最终将他逐出书院。

事实上，时至今日，我们不得不深深地佩服邹容在如此年纪，便能敏锐地认识到他所处那个时代的各种弊病，敢于针砭时弊，一针见血地指出官员的腐败、科举制度的迂腐残酷以及封建礼教的虚伪。再结合邹容在 1901 年赴成都参加完四川选派留日学生的考试后，给仍然热衷于科举考试的哥哥绍阳所写的回信，我们真要由衷地佩服邹容对于时势的判断是如此准确，对于科举制度的本质的认知是如此深刻，对于经世致用之学的提倡又是多么切合实际。在这封信中，他极有远见地谈道：

乡试今岁决无，闻云、贵主考尚未到省，大约亦要停止。鄙见明年亦无乡试，科举路从此绝矣。近国家多难，而必欲糜费千百万之国帑，以于百千万帖括、卷摺、考据、词章之辈中，而拣其一二优者，于天下国家，何所裨益？于是知其必停。兄明察者也，切无奔走于词章帖括中，以效忠于前人；其从事于崇实致用之学，以裨于人心世道也可……近世途艰险，人贵自立，虽吴野樵姻长，另青厚待，然依人作嫁，终非久计，吾兄其熟思之。

著名学者钱穆在他的名著《中国历代政治得失》里谈到考试制度时，毫不掩饰地表明他受到邹容的直接影响，认识到这种制度不过是清朝统治者的一种愚民政策，他还大段引用邹容的《革命军》中所阐述的关于清朝部族政权下满汉有别、科举考试制度之虚伪的论述。

> 至于科举清要之选，虽汉人居十之七八，然主事则多额外，翰林则益清贫，补缺难于登天，开坊类乎超海，不过设法虚縻之，以戢其异心。又多设各省主考、学政，及州县教官等职，俾以无用之人治无用之事而已。即幸而亿万人中有竟登至大学士、尚书、侍郎之位者，又皆头白齿落，垂老气尽，分余沥于满人之手。然定例汉人必由翰林出身，始堪大拜，而满人则无论出身如何，均能资兼文武，位兼将相，其中盖有深意存焉。呜呼！我汉人最不平之事，孰有过此哉！

钱穆还特别赞赏邹容，认为他既描绘出了清朝部族政权之实相，更淋漓尽致地说尽了考试制度在部族政权上所能占到的地位，把握到了清朝考试制度的本质。虽然《革命军》是邹容留学日本之后渐次写成的，但这些关于中国过去历史及制度的认知应该是他自少年时就长期思考问题的一种累积。他对中国历史的喜爱，便源于他对于现实问题的追索；他对现实社会的关注，自然也会驱使他对整个中国历史和中国社会进行通盘的整体考察。

因此，对于邹容的各种反抗，我们不能仅仅将之视为懵懂少年单纯的反叛意识的觉醒，更不能认为邹容就是个意气用事、任性而为的狂徒；他并不是为了反抗而反抗，或者说很可能在他最初的年幼阶段是那种直观的、感性的甚至是不假思索的直觉驱动；然而这位喜爱独立思考的年轻人，很快便对于周遭的一切开始有了属于自己的理性思考。当然这种思考可能还比较零散，不成体系，但必须承认，他的触角已经开始深入中国历史和中国当时社会的深层痼疾。当然，邹容也并非什么天才，我们不能过度地神化他，他的那些看似先知先觉的知识和理论自然也是他日常勤学苦思之后的智慧结晶。他的种种反抗行动也并非孤立的事件，而是他对世界的认知日渐清晰、理想信念越发坚定的产物。虽然他戏谑地声称“少小休勤学”，然而他却有着强烈的求知欲和探索欲，不流于时俗，按照自己的判断，如饥似渴地吸收着一切有益的知识、睿智的思想，甚至是斗争的力量。这些武装他的头脑、鼓舞他的精神的力量源泉，可能是书籍、报刊，是从未谋面的先辈、时贤，还可能是志同道合的朋友，当然更有殷切期望他成才的亲人。

喜欢学习历史，特别是一些英雄人物传记的邹容，常常能够从这些人物的英雄事迹和思想学说中汲取知识养分和精神力量。我们前面提到，这一时期正是帝国主义侵略加剧，而清政府越发腐败无能，甚至甘心沦为帝国主义在华代理人的生死存亡的时刻。这种现实状况和中国民间从明末清初久已流传的种族革命思想迅速结合在一起，于是当时一些抗清志士的故事开始被发掘和广泛传播。顾炎武、黄宗羲、唐甄等进步思想家对君主专制制度的认识和批判，对于经世致用、内圣外王之道的阐发，对于天下兴亡、匹夫有责的天下观的倡扬，都令邹容深以为然。邹容身上鲜明体现出来的“以天下为己任”的远大抱负，很显然是受到了顾炎武的影响，这可以从他劝诫哥哥放弃科考、转向于国家有裨益的崇实致用之学这一事实得到佐证。他还对郑成功赶跑荷兰侵略者收复宝岛台湾的壮举，以及张煌言等人的抗清事迹颇为赞许，并自诩是他们的后继人。除此之外，少年邹容尤其佩服少年英雄夏完淳。

夏完淳，1631 年生于松江府华亭县，祖籍浙江会稽。他生活的年代正是明末清初之际，明朝朱氏政权的统治危如累卵，内忧外患。他的父亲夏允彝、老师陈子龙均是抗清将领，又是江南名士，曾组织“几社”，与“复社”相呼应。夏完淳深受父亲和老师的影响，矢志忠义、注重名节，痛心国事，小小年纪就写出流传甚广的《大哀赋》。1645 年，清政权入主中原之后，14 岁的夏完淳就随父亲领兵抗清，父亲夏允彝因战败而投水，英勇殉国；夏完淳则跟随老师陈子龙继续抗清，奋勇杀敌、喋血疆场。他意志坚强，虽屡遭失败，却毫不气馁，1647 年不幸被俘。在被押解至南京的路途中，少年夏完淳以满腔的忧愤之情，写下了著名的《由丹阳入京》，抒发他面对国破家亡、壮志未酬的无限哀恨之情。之前的明朝将领后投降了清政府的洪承畴亲自对他进行讯问并打算劝降他。他不为所动，坚不下跪，还假装不知道对面的便是洪本人，大声地讽刺他说：“我听说我大明王朝的亨九

（洪承畴字）先生，一代英杰，骁勇善战，蒙受我朝皇帝的嘉奖和喜爱；他的忠烈节义也是令人倾慕不已，我虽然年纪小，也要学习他杀身报国，不遑多让！”旁边的差役赶忙告诉他堂上审问他的“大人”就是洪承畴，夏完淳一点不害怕，上前一步声色俱厉地说：“亨九先生为守护大明江山而死的事迹，天下谁人不知？！当时全国上上下下包括我朝皇帝都曾隆重地祭悼他，举国悲恸啊。对面这等悖逆之徒，竟然敢冒忠臣之名，玷污忠臣之魂！”这一席话直说得洪承畴色沮气夺，说不出一句话来。在狱中的时候，夏完淳也是镇定自若，毫无忧惧之色。他甚至还鼓励同样被俘、意志消沉的岳父钱栴说：“父亲大人倒不如与我一同慷慨赴死，这样也好见陈公于地下，这才是奇伟大丈夫之所为啊！”钱栴听了他的劝慰后，果然一改愁颜，和夏完淳等 30 余人一同勇敢就义。这一年，夏完淳只有 16 岁。

邹容深深仰慕这位英年早逝的抗清少年，时常用他的英勇事迹激励自己年轻的心灵。激动之余，他还不止一次对二妹邹兰、六弟邹绍陵谈起夏完淳的英勇事迹，使弟妹们也都对这位少年佩服不已。邹容牺牲后，他在日本结识的好友张继为了作文纪念他，还曾采访过他的六弟绍陵，绍陵也向张继介绍过这一情况。张继还回忆说邹容也常与他谈起夏完淳，表示非常钦慕这位少年短暂、伟大、传奇的一生，说到兴奋处，甚至会旁若无人地背诵夏完淳的那些慷慨感人的诗文。邹容亲友的这些回忆，很容易使人在脑海中浮现出一位英姿勃发的少年，动情地在家里大声吟诵《大哀赋》《由丹阳入京》等篇章的场景，一边朗诵，一边深深地感佩于这些作品的文采宏逸，悲壮激昂，感动于作者深切的忧国忧民之情怀。这一幕，让我们产生一种幻觉：通过激昂的诗文，两位少年似乎能够冲破200多年历史的隔离进行超越时空的交流与对话。事实上，我们如果综观邹容同样短暂的一生，确能发现他受夏完淳影响之深。他们不但有共同的反抗目标，而且拥有同样的“以天下为己任”的人生理想，正像很多人说的那样，邹容确实可以称得上是“清末的夏完淳”！

如果说，包括夏完淳在内的明末抗清志士及思想家们刺激了少年邹容的抗清思想的萌发的话，那么清末的维新派所宣扬的关于变法革新的资产阶级改良思想，则大大推动了邹容民族革命思想的形成。特别是此时，邹容越发认识到所谓的“科举正途”于国家的前途毫无裨益、对汉人不过是一种清统治者所主导的愚民工具而已。这自然使他将精力转向如何才能真正改变国家的前途和命运。维新派的主张很快便成了邹容学习和了解的目标。严复翻译的《天演论》、梁启超主办的《时务报》、湖南的《湘报》等等，不管是北京的，还是上海的，只要是关于维新变革的思想，或者是维新志士的事迹，他都有强烈的兴趣，他都爱读。而且四川的维新人士也很快响应了全国维新运动。早在1897年，改良主义思想家宋育仁就首先在重庆创办了《渝报》。他还特地在这一报刊上连载自己的维新主张《时务论》，宣传变法思想，同时严词批评封建顽固派固守祖宗成法、因循守旧、排斥异见的迂腐做派；对于提倡中体西用的洋务派，他也直斥其舍本逐末，甚至投降媚外，并不能切实地改变现状；他号召人们支持变法维新，学习西方国家，实现国家的富强。这些维新主张使邹容深受触动，使他对现实、对清政权及西方列强的欺凌产生强烈不满的同时，开始产生了运用西方资本主义国家的制度和文明来改造旧中国的初步意识。在这些维新志士中，对邹容影响最大的是谭嗣同。

谭嗣同，湖南浏阳人，1865 年生于北京。他是著名的维新思想家，有感于国家的贫弱及列强的欺凌，曾在湖南巡抚陈宝箴的支持下，倡办著名的时务学堂，并担任教员，培养维新人才。他所作《仁学》一书，是清末维新派的第一部哲学著作。他还创办了《湘报》，积极主张变法，抨击旧制，公开提出废除科举制度、兴办学校、开掘矿藏、修建铁路、创办工厂、改革官制等维新变法主张，是维新派中较为激进的代表。1898 年的戊戌变法，他是积极的推动者和参加者。

无论是在变法过程中还是变法失败后，谭嗣同均表现出了大无畏的牺牲精神和视死如归的勇士本色。在从长沙赴北京参加变法的途中，他特地写信给妻子诉说自己的志向，“视荣华如梦幻，视死辱为常事”。变法失败后，他还置自己的安危于不顾，多方奔走联络，筹划营救被慈禅太后囚禁的光绪皇帝。计划落空以后，有人劝他像康有为、梁启超等人一样出逃海外，另图大计。他却婉言谢绝，决心以死来殉变法事业，并且大义凛然地说道，“各国变法，无不从流血而成，今中国未闻有因变法而流血者，此国之所以不昌。有之，请自嗣同始！”1898 年 9 月 25 日，谭嗣同在浏阳会馆被捕。在狱中等待问斩的时候，他仍然泰然自若，写下了足以警醒世人、必将流传千古的《狱中题壁》：

望门投止思张俭，忍死须臾待杜根。

我自横刀向天笑，去留肝胆两昆仑。

这首诗不但表现了谭嗣同毫不畏死的英雄气魄，更寄托了他对于已经出逃的康有为、梁启超二人的关切与期望。梁启超后来在《戊戌政变记》中，也曾沉痛地回忆这段诀别的历史：梁启超临行前亦曾劝谭嗣同出逃，谭嗣同则希望对方能够继续他们未竟的事业，他说：“不有行者，无以图将来。

不有死者，无以酬圣主。今南海之生死未可卜，程婴、杵臼，吾与足下分任之。”哪怕是到了临刑之前，面对刽子手挥舞的屠刀，他仍然畅快淋漓地高喊出他宁为变法而死的壮志豪情：“有心杀贼，无力回天，死得其所，快哉快哉！”

一直关注维新思想及变法运动的邹容，很快便得知了谭嗣同的事迹，久久不能平静。他觉得必须做点什么来表达他胸中翻涌着的激昂的感情。在那样一个风声鹤唳的危险年代，他公然将谭嗣同的画像挂在自己的书房，并提起笔来，赋诗一首，以表达他的钦佩和怀念之情。

赫赫谭君故，湖湘士气衰。
惟冀后来者，继起志勿灰。

一点都不必奇怪邹容会对这样的勇士产生无限的崇敬之情。这种崇敬之情可以说是全方位的。谭嗣同大无畏的英雄气概、慷慨赴死的献身精神，自然是邹容所佩服的，并且日后还效仿了的；他的各种变法图强的主张，也使邹容对于未来的思考更

加具体；他对于科举制度的抨击，于邹容自然也是“心有戚戚焉”；更重要的是他对于封建君主专制制度的剖析和批判，强烈刺激了邹容关于民权主义、民主主义的系统思考。邹容的《革命军》也在一定程度上受到谭嗣同的著述，特别是《仁学》一书的影响。这里我们仅举一例便可见一斑。

谭嗣同在反对封建君主专制制度、提倡民本主义思想的时候，曾经说过：

生民之初，本无所谓君臣，则皆民也。民不能相治，亦不暇治，于是共举一民为君。夫曰共举之，则非君择民，而民择君也。夫曰共举之，则其分际又非甚远于民。君末也，民本也。天下无有因末而累及本者，亦岂可因君而累及民哉？夫曰共举之，则且必可共废之。

邹容在《革命军》中，提到国民教育的时候，基本继承了谭嗣同的论证逻辑，并加以引申。

生之初，无人不自由，即无人不平等，初无

所谓君也，所谓臣也。若尧舜，若禹稷，其能尽义务于同胞，开莫大之利益，以孝敬于同胞，故吾同胞视之为代表，尊之为君，实不过一团体之头领耳。后世之人，不知此义，一任无数之民贼、独夫、大盗、巨寇举众人所有而独有之，以为一家一姓之私产，而自尊曰君，曰皇帝，使天下之人无一平等，无一自由，故我同胞今日之革命，当共逐君临我之异种，杀尽专制我之君主，以复我天赋之人权。

当然，还应该看到，邹容对于维新思想的吸收并非照单全收，而是有选择的。他认可维新派想要救亡图存的爱国主义抱负，但对其自上而下的改良路线不以为然；他从维新派对于封建专制制度的批判中，认识到民本主义、民主主义同样适用于中国，然后他并没有止步于与君主分权的君主立宪思想，而是继续思考资产阶级民主革命的可能性和必要性问题了。简言之，邹容并非改良主义者，尽管他曾受到改良主义思想的影响。

由于邹容对科举制度深恶痛绝，又被重庆经

学书院开除，他的家人为了让他掌握一技之长，以便日后谋生，便让他跟随日本领事馆的成田安辉、井户川辰三学习日语及英语。无心插柳的结果便是使邹容进一步接触了西方资产阶级的革命思想和革命理论。他常常请日本老师给他介绍一些西方名著，诸如莎士比亚的戏剧，苏格拉底、柏拉图、卢梭等人的著作。这为邹容打开了一扇更接近西方社会和西方文明的窗口，让他对西方资产阶级革命和民主政治有了更多的了解和思考。他还特别注意到法国 18 世纪启蒙思想家卢梭。他豁然发现之前从维新派思想家那里学习到的民权思想，在卢梭的《论人类不平等的起源》《社会契约论》等著述里早有系统论述，不禁对其钦佩不已，向往有加了。他甚至常常跟身边的亲友说，“皇帝害怕卢梭，我喜欢卢梭！”如果我们再翻看一下《革命军》的话，更能随处看到他对卢梭的追随和崇敬之情。

04 抗争
对新世界的渴望

跟随日本老师学习的经历，不但使邹容有更多的机会了解西方资本主义社会及西方文明，同时更进一步刺激他产生了赴日本留学的想法。当然，邹容少年时代，正值国难日益深重之时，国家不但被欧美列强轮番欺辱，甚至连之前一直在中国文化笼罩之下的日本也通过 1894—1895 年中日甲午战争，给中国人民上了一堂“国耻”课。这场战争的影响不容小觑，它无异于一颗重磅炸弹，重重敲击了所有国人的民族自尊心，对于那些想要挽救民族危亡的有志之士更是如此。既是邻国，又是小国，同样曾陷落于西方征服的泥潭，却能够在短短 20 年间，通过自上而下的资产阶级改革——“明治维新”，通过全面学习西方制度和文化，成功脱亚入欧，进入强国俱乐部，这既令国人羡慕不已，又使有识之士开始全面反思。过去清政府所进行的扭扭捏捏的、片面的、只学西方坚船利炮的军事科技改革，已经被证明是失败了的，甚至“中体西用”说也大有问题，一部分人开始尝试明治维新式的强国之路。一个简单的事实便是，甲午战争的第二年，也就是 1896 年，中国开始向日本派遣留学生。同时，“维新”“变法”在 19 世纪最后的几年成为最火的词语，甚至成为主流社会的一种共识。“维新运动”和“戊戌变法”都是其具体实践，即便是 1898 年镇压了“戊戌变法”的以慈禧太后为首的所谓顽固派，也再不敢冒天下之大不韪，反而接过了“维新”的旗帜，颁布了一系列改革措施，以此笼络民心。在这种形势下，全面学习西方，特别是学习西方制度和文化，开始成为不少人的追求；小部分人更进一步，开始选择直接出洋留学的道路。基于上面提到的原因，加之留学费用相对较少，邻国日本就成为国人留学目的国的首选。

邹容便是其中之一。他的日本老师井户川辰

三应该也是他决定赴日本留学的积极推动者之一。这位老师曾在1900年前后建议四川总督奎俊选派优秀青年到日本学习。很快，清政府于1901年初，发布新的改革措施，特别提到“兴学育才，实为当今急务”，鼓励各省派人出国留学。和其他一些省份一样，奎俊在和湖广总督张之洞商议之后，于1901年夏天宣布要选派22名20岁左右的青年赴日留学，“以通中外之情”。具体的学习年限大约5年，每人每年资助白银200两。由候补知府李立元率领去日本，在日本学习期间，则统一由清朝驻日公使管理。

得知这样的消息，邹容自然感到非常振奋。同时，他还得到了另一位老师江叔澥的鼓励和支持。邹容与这位老师的儿子江庸既是同学又是好朋友。这位江老师虽然也是经学书院的一位老师，但他的思想却并不守旧，相反他积极地鼓励邹容和自己的儿子一同出国留学。他还曾对邹容说过，目前的中国并没有一所完善的学校，能去日本留学是一件好事。除此之外，他还特别向考试监督李立元举荐邹容。1901年7月1日，邹容赶赴成都，参加公开举办的留学考试。由于这是一场志在维新的考试，而邹容平时对于维新知识和维新思想多有接触，加之他外语水平比较高，做文章的水平也不错，自然表现突出，顺利通过了考试。考试监督李立元还带他谒见了总督奎俊，会面的过程也相当愉快：奎俊不但对邹容“勉励数语”，而且嘱咐他回重庆收拾行装，等待进一步的通知。天时、地利、人和，赴日留学这件事似乎一切都比较顺利，甚至预期9月便可以出发前往日本。然而，就在邹容回到重庆后不久，便有坏消息传来：官府听说了邹容的一些离经叛道的行为，加上一些怀有恶意的人及守旧人士的攻击，邹容的名字被从留学名单中划掉。给出的理由则是“聪颖而不端谨”，因而“不合条件”，后来邹容又得知他的名额被一个名叫陈绍祖的权贵子弟顶替。

可想而知，对于刚刚16岁的邹容来说，这个突如其来的打击自然令他难以接受。原本踌躇满志地向往着到日本学习最新的救世济民之道，斗志昂扬地畅想着如何尽自己所能改变国家民族的危亡之境，这一切却在万事俱备、整装待发之际戛然而止，清高又倔强的邹容决定无论如何也要继续赴日留学，官费不行，那便自费！

但是自费就意味着需要得到家庭的支持和资助，而且费用不菲，即便对于家境较为富裕的邹家，也并非易事。当然，这还只是一重障碍。更大的障碍还在于邹容与父亲及家里其他长辈之间在思想方面的巨大分歧。这种分歧至少表现在两个方面。

一方面，是对于留学本身的看法。深受资产阶级维新思想影响的邹容自然认为到日本留学更有助于他直接体察日本明治维新改革的实际效果，切实地解答萦绕于心的问题：为什么小小的日本竟然能够在甲午战争中打败自诩为“天朝上国”的大清王朝，并且在刚刚发生的八国联军侵华战争中已然充当了主力军？到底是哪些具体因素使日本如此快速地摆脱贫弱之境、跻身世界强国之列？但是这些问题对于整日奔波于衣食、着眼于家族稳定兴旺的普通人来说，似乎都太遥远、太缥缈了。即使是像邹容的父亲和舅舅这样的富商，也大抵都是这样的看法。虽然后来的一二十年时间里，留学迅速成为整个社会的共识，许多人趋之若鹜，但此时他们对于留学本身仍然抱持着比较保守的看法，对于家里子弟的期待，不外乎就是读书做官或者经商致富，远赴异国他乡求学在他们看来并非稳妥之计。对于出洋，当时社会上普遍流行着这样的说法，“未能事人、焉能事鬼，何必去父母之邦？”千百年来长期盘踞在人们思想中的夷夏观念、民族偏见根深蒂固，哪怕是到包括日本在内的新兴资本主义国家去留学，在当时的很多人看来仍然是不可取的。再加上“父母在，不远游”的传统家族观念，更使人们对于离开“父母之邦”去遥远的所谓“鬼邦”心存疑虑和畏惧。邹容的亲友们大抵亦是如此。

另一方面，也是更为核心的分歧则体现在人生观与价值观的巨大差异。这一点鲜明地体现在仅存的两封邹容家书中。邹容在给长兄的信中力劝哥哥绍阳放弃科举一途，这说明邹容已经开始从相当的高度和广度来考虑国家及自身的前途命运问题。在邹容看来只有将个人的理想和奋斗与整个国家民族的兴亡联系起来考虑，才能体现知识分子的使命担当，才能将个人价值发挥到极致。正是因为他能够进行高瞻远瞩的忧国忧民的通盘考虑，所以他的主张和做法往往比哥哥绍阳更为高明。比如，他看到绍阳仍然汲汲于科举功名，便一语点破科举制度已趋末路，甚至预言科举考试不但今年没有，明年也没有，“科举路从此绝矣”；他看到绍阳整日奔走于辞章帖括之中，做些因循前人的无用之功，便劝诫他不如转而从事些崇实致用之学，真正地挽救国家的危亡，切实地有益于人心世道之改善；他早早便认识到鸦片烟于民于国都有大害，而哥哥绍阳早年便与父亲一样喜好吸食，在邹容的屡次劝说下绍阳终于戒掉了这一恶习，整个人都精神焕发，邹容也对哥哥大加鼓励；他认识到哥哥依附他人做些小官，不过是为他人作嫁衣，并不是长久之计，他劝导哥哥越是在艰难的时局下，越应该自强自立。不得不佩服邹容卓越的眼光和睿智的见解，以他向哥哥预言的科举来说，就在邹容给哥哥写信的当月，清政府下令，要求各省科举废除八股，改试“策论”；而 4 年之后的 1905 年，终于彻底废除了延续几千年的、已趋穷途末路的科举制度。

这种人生观的差异在邹容的另外一封家信中体现得更明显。由这封信不难看出邹容与父亲、舅舅之间在思想观念与处世之道方面存在着巨大的代沟。对于邹容时时忧愤于国事，立志要挽救民族危亡的理想，父亲和舅舅认为这不过是年轻人少不更事，不知天高地厚、空谈理想抱负的一时冲动，而这种冲动如果不加拘束便会使人一事无成。他的舅舅刘华廷就认为中国此时的贫穷落后，不过是天运盛衰、治乱相替的天地运行之道，风水轮流转，之前满人强大，现如今洋人强大，这都是陈陈相因的自然之理，非人力所能改变。这种观点与古代的“五德终始说”相似，不过是要人们接受现状，不去做无谓的努力。他还特别提到，即使是像张之洞、刘坤一等朝廷要员，都不能改变中国的现状，一个小小的邹容又怎么可能在这等国家大事上有所作为呢？在这种人生观指引下，他认为，士农工商，各行各业的人们只要能照顾好自己及家庭的衣食生计就足够了，邹容即便不能像哥哥绍阳那样科举致仕、光宗耀祖，至少也该收心敛性，好好学习英文，以此作为谋生之道。对于舅舅的劝导，邹容也并非完全不以为然。“长篇大言，思之未尝无理”，但他的人生观和对国家现状的忧虑又不允许他成为舅舅所期待的那样的人。因为在他看来，圣人之道应该是修身、齐家、治国、平天下的完整链条，如果仅仅满足于个人及家庭的生计无虞，不去关注国家的兴亡与天下的治乱，无疑是对圣人之道的割裂，正如邹容所说，“惜乎其去圣人之道远矣！”从这一点，我们也可以看到虽然邹容一直因为离经叛道被他人所诟病，但他反对的是封建迂腐、烦琐无益、消磨个性的吃人礼教，对于传统文化中积极进取、经世致用的精华部分他是深以为然的。比如，在对待传统文化的代表孔子的态度方面，就很能体现他的这种取舍。虽然他常常“非尧舜、薄孔子”，然而他却特别赞赏孔子在“春秋世乱已极”的时局下，仍然奔波于各国之间，宣扬自己的政治主张，力图实现他天下大同的社会理想，特别是他“明知不可为而为之”的精神深深鼓舞了邹容。他说，如果孔子也认为世道治乱与个人、与自己无关的话，那么凭借他的知识和技能，也足可以“谋其衣食，终老名山”了，而孔子的伟大之处，便在于他心系天下与家国，抛却小我，迎风而上，“知不可为而为”。在邹容看来，这也正是孔子能够不朽于世间，为万世师表、“俎豆万古”的原因所在。说到修身、齐家、治国、平天下的圣人之道，恐怕邹容才是真正的、彻底的践行者：要为天地立心，为生民立命，为万世开太平，真正地为天下生民谋福祉。他的所学即所思，所思即所想，所想即所行，知行合一，这确实是中国传统文化的精要所在。而他的舅舅刘华廷等守旧人士不过是自认为老成持重，更多是为个人和家族的现实考虑，抱持的是一种明哲保身的人生观，这和邹容“以天下为己任”的理想，自然是不可同日而语的。

更尖锐的问题还在于践行这种天下观所带来的巨大风险。特别是值此国难当头、时局动荡之际，动辄可能招致杀身之祸。太平天国起义、洋务运动、百日维新、义和团运动便是社会各个阶层践行这种人生观的具体尝试。这些尝试不但没能有效地抵御外侮，彻底地推翻腐朽残暴的清政权，实现国家的长治久安，反而在一定程度上促成了中外反动势力的进一步勾结，清政府已然沦为帝国主义对华侵略的工具和代理人。具体到个人，则是以亿万人计的流离失所，百千人计的丢官弃职，百万人计的流血牺牲。死生大事，对于绝大多数人来说，绝非儿戏，很难置之度外；特别是在中国封建宗法制度之下，往往一损俱损、一荣俱荣，稍有不慎，便可能祸及整个家族。正因如此，舅舅刘华廷忧虑地劝诫邹容，千万不要学谭嗣同，因为宣传维新、主张变法、干预国事，不但自己被砍了头，而且波及父母家人，父母何辜！家人何辜！

这真是一个千古难题。从邹容的所言所行来看，这确实也是他曾经深切思考的问题，更是他用自己的行动努力去破解的难题。处在他生活的那个时代，这一难题是他必须要面对，必须要进行取舍和决断的。他的选择便是杀身成仁、舍家救国。为了天下生民，为了国家民族，必须有人奋力一搏，舍弃小我、小家，成就家国大业。这其实也是继承了孔子“有杀身以成仁，毋求生以害仁”的仁学和义利观。用邹容的话来说，便是“仁义所在，虽粉身碎骨不计，乃人之义务也”。在他看来，谭嗣同正是杀身成仁的最好范例。他还引证了许多古往今来的仁人志士的事迹来加以佐证。远的如周文王、周武王父子基于大义，奋而起身讨伐商纣王，这才结束了商朝的残暴统治；田横和跟随他的五百壮士，也是基于大义，起兵反秦，推翻了秦朝之后，面对刘邦的招抚，义不受辱，慷慨赴死。近的事例如明代的方孝孺，在明成祖朱棣起兵篡权之后，宁死也不肯为新皇起草即位诏书。历史上还广泛流传着一种说法，明成祖在威胁他要诛灭其九族不成之后，甚至株连了他的学生，使他成为历史上唯一的被诛灭“十族”的人。后来的胡适也曾称赞方孝孺是一位为主张、为信仰、为他的思想而杀身成仁的志士。

邹容正是从这些往圣仁人的事迹中得到了鼓励，他不要做那种“家居终古，足抵妻，怀抱子，守祖父田产而不失”的所谓孝子贤孙，而是有志于做那类“思所以卓耀古今，感民胞物与之念，成一绝学，以留后世”的不朽之士。特别要指出的是，他与这些仁人志士的不同之处，便在于他所建构和为之奋斗的理想社会中，这一千古难题不攻自破。在他的理想蓝图中，生命自由属天赋之权利；无论何时，政府所为，有干犯人民权利之事，人民即可革命，这是人民至大之权利，亦是人民自重之义务。包括株连九族在内的种种封建社会的苛政恶法都应该被扫入历史的垃圾堆中。后来的历史已经证明，邹容的理想实现了，而且在实现的过程中，邹容发挥了重要的作用，留下了浓墨重彩的一笔。这也就是为什么我们说他用自己的实际行动破解了这一千古难题，更好地回应了舅舅刘华廷的质疑。

令人欣慰的是，或者是因为邹容要出国留学的坚定态度；或者是接受了某些亲友建议，认为让邹容继续留在国内反而有可能闯出更大的祸事，倒不如让他去国外留学；或者是认为在国外留学几年，邹容会因为年龄增长而变得“老成持重”，改变原来的思想；又或者只是希望邹容到国外学得一技之长以谋生。总之，邹容的父亲邹子璠最终同意让他自费到日本留学。在这里，我们不仅可以看到两代人、两种人生观的巨大分歧和激烈交锋，更能感受到父母亲长对邹容谆谆教诲、舐犊情深的关爱之情。尽管邹容向来不是长辈眼中的乖孩子，但从他整个的成长过程中，却处处体现了亲人对他的成长、对他的未来的无限关切之情。

邹容的成长自然也离不开许多志同道合、共同进步的朋友。比如他的老师江叔澥的儿子江庸，既是邹容的同学，又与邹容志趣相投。两人都有向西方学习科学知识和先进思想的志向，因此都参加了 1901 年那次四川的官费留学考试，也都被录取。遗憾的是邹容在临行之前被取消了名额，而江庸顺利地于当年 9 月到日本留学，5 年后毕业于日本早稻田大学法制经济科，后来成为我国近代著名的法学家、近代法律教育的奠基人之一。他也是卓越的社会活动家，积极参与国事，却又始终保持知识分子的凛然正气：因不满曹锟贿选总统的违宪行为愤而辞去公职；也曾义务为“救国七君子”辩护；抗战期间直面种种威逼利诱，坚决拒绝担任伪职。他崇尚真理正义，明辨是非，抗战胜利后，他主张和平建国，坚持反对内战，公开宣称，蒋介石的“讨伐命令”不要送到国民参政会来，送来也是通不过的。国民党一党操办的伪“国民大会”，他拒绝参加，蒋介石亲自签署的任命他为“大法官”

的总统令，他力辞不受，却欣然接受毛泽东的邀约以特邀代表身份参加了 1949 年的中国人民政治协商会议，并在开国大典时登上了天安门城楼，亲自见证了新中国的成立。虽然他没有像邹容一样彻底走上暴力革命的道路，但他同样心系家国，无私忘我，以自己的方式，直接参与了波澜壮阔的缔造新中国的整个进程。他平生不事积蓄，死后遗物也全部捐赠给了国家。

在革命推翻清政权的道路中，邹容的身边还有很多的引导者、同行者、追随者。由于同为重庆人，他们之间的联系相当紧密，或者是同学，或者是亲友故旧，可以时常聚在一起共同学习和宣传新思想，共同谋划革命伟业。不论是四川第一个资产阶级性质的革命团体“公强会”，还是同盟会五大支部之一的重庆支部，包括后来的一系列革命活动，他们都是骨干力量，为中华民族的独立复兴作出了非常重要的贡献。

比如，邹容与童宪章、童秉章（字子钧）、童慎如三兄弟就是表兄弟的关系，童氏三兄弟均为同盟会会员。童宪章和童慎如还曾到日本留学。

1905年同盟会在日本成立之初，童宪章便和自己的同乡好友陈崇功一起加入了同盟会，并在孙中山的指示下，带着同盟会的章程回到四川积极筹办同盟会重庆支部。1906年成立的重庆支部作为同盟会在国内设立的5个支部之一，对于西南地区革命活动的组织和发动起到了重要的领导作用。邹容与表兄弟虽然性格不同，但相知甚深。表哥童宪章就认为邹容"幼不羁，好大言，傲睨一切"，因此私下里时常劝诫他，并期望他能够有所作为；而当邹容因留学资金匮乏之时，表哥童子钧也曾解囊相助。

同样的情况还有董氏兄弟。两家交往很多，私交甚笃。董蓉伯也曾劝邹容的父亲邹子璠不要送邹容去日本留学，担心他在外面惹出祸事，气得邹容拿起菜刀就想找他拼命。但董蓉伯的两个兄弟董鸿诗（庆伯）、董鸿词（颂伯）却与邹容有共同的志向，不但积极参与了杨沧白、朱必谦、童宪章等人领导的"公强会"的组建，而且也是后来的同盟会重庆支部的会员。

更著名的还有被誉为"一门三杰，誉满巴蜀"

的朱氏兄弟：朱琴樵、朱之洪、朱必谦，他们都被视为辛亥革命的先驱，甚至为此被抄家，受到严重的迫害，但仍然矢志不移，坚持自己的爱国事业。兄弟三人中与邹容关系最密切的就是朱必谦。他比邹容大几岁，但与邹容非常投缘，对于邹容那些惊世骇俗的言论和不计一切代价也要出国留学的热情，他都是积极的支持者。在邹容准备自费留学时，他一方面与好友杨沧白一同极力劝说邹容父亲邹子璠，另一方面也尽自己所能地资助邹容。后来邹容的牺牲令他悲痛不已，更使他下定决心继续完成邹容的未竟之业。在“公强会”、同盟会重庆支部的组织过程中，他都是积极的领导者。1911 年辛亥革命中，他积极组织重庆地区的起义，一方面利用做巴县中学监督的机会，训练了一支可靠的学生军；另一方面积极联络四川地区的民间会党。战斗打响后，他手持指挥刀，身先士卒，亲手砍断城门大锁，终于光复了重庆。他还创办了广益书局，宣传新知，同时坚持兴办教育、实业救国，为国家的独立和富强作出了多方面的贡献。

说到这里，自然还要说说邹容革命生涯中非

常重要的好友杨庶堪，也就是中国近现代史上著名的辛亥革命元勋、孙中山的重要工作助手杨沧白。两个人不但在革命理想上最为相契，而且渊源颇深。邹、杨两家祖籍都是湖北麻城，后来又都迁到了四川巴县，也就是现在的重庆，两家都曾在木洞居住，相隔不远，且都经商，相互扶持，关系非比寻常，也就是通常所说的“世交”。自然两家还有姻亲关系，邹容的继母杨氏就出自杨家，是杨沧白的堂姑。杨沧白虽然比邹容大 4 岁，但两人最为投缘，惺惺相惜。邹容曾经因为辱骂地方官员险些被捕，多亏了杨沧白带他躲藏在观音岩附近才得以幸免。邹容如果回木洞老家，也总会到杨家玩耍，杨家人素来知晓邹容的火暴脾气，总是让他坐在上席来款待他。他们两个人从小到大，一直一路同行，同在经学书院读书，一同到重庆译学会跟随英国传教士学习英文，甚至打算一同去日本留学，终因杨家人丁单薄，杨沧白必须留在家里照顾家庭而不能同去。于是他像好友朱必谦一样积极鼓励和帮助邹容出国。两人常常以“革命”二字互勉。邹容曾写作《革命歌》，大声疾呼“仗义群兴革命军，报仇雪恨逐胡人”！杨沧白拍手叫好，甚至要每天诵读 10 次，警醒自己“每饭不忘排满革命之事”。后来邹容果然写作了题名为《革命军》的不朽之作，成为当时最重要的资产阶级革命宣传家之一。杨沧白也不甘落后，组织“公强会”，筹办同盟会重庆支部，成为重庆地区革命组织的最重要的领导者之一。邹容牺牲后，他悲愤不已，下定决心完成邹容的遗志，推翻清政府，光复中华。武昌起义打响之后，他领导和组织了重庆起义，获得成功；毕生忠实追随孙中山的事业，历任要职，鞠躬尽瘁，始终以国家民族利益为重；目光如炬，拒绝与汪伪政府及蒋介石合作，保持了高洁的士人风骨，为世所重。他于 1942 年病逝，当时的国民政府以国葬的礼仪将他安葬在家乡，并将他的出生地巴县木洞镇改名为沧白镇，以资纪念。

虽然邹容后来在写作《革命军》时，自称“革命军中马前卒”，但他并不是独自在战斗，在他身边一直都有众多的同路人，互相激励，共商大计，邹容从这些同道中人的身上学到了很多，受益匪浅。应该说，邹容光辉短暂的一生，也是充满着革命友谊的一生。然而当他在家乡重庆的朝天门码头踏上东去上海的木船，与杨沧白和其他至亲挚友挥泪告别之后，就再没能回到他的故乡。

05 负笈日本 奔走海上狂呼号

此时，他的生命历程即将到达对他的思想和革命实践产生重要影响的另一个重要站点——日本，这个邹容期待已久的革命策源地。一个小的但又不容忽视的细节是，他在赴日留学之前，还在上海停留了数月，进入江南制造总局下设的广方言馆学习了数月的英文。具体原因我们已经不得而知。但可以肯定的是，在上海数月的经历，邹容注意到的绝不只是十里洋场的热闹繁华，他看的更多的是停泊在黄浦江中的外国轮船和军舰，国中之国的租界，醉生梦死的权贵，追名逐利的掮客，以及类似于鲁迅先生在《呐喊》中所描述的麻木冷漠的国人，正所谓“哀吾同胞正酣睡”！眼前种种，令邹容愤懑不已，他挥笔录下蒋观云的《有感》诗，以抒发自己满腔的激愤之情。

> 落落何人报大仇，沉沉往事泪长流。
> 凄凉读尽支那史，几个男儿非马牛？

激愤之余，邹容又陷入了深深的、理智的思考：要救中国！但又该如何去救？相隔百余年的时空，那个面容严肃的思想者、忧国忧民的少年邹容仿佛就在我们的眼前。我们似乎听到他发出了和鲁迅先生一样的呐喊声：所以我们的第一要著，是在改变他们的精神！

这便是这个倔强甚至“慓急”的少年的可爱之处，总是将整个国家民族的命运作为自己思考和行动的指针，很少计较个人甚至家族的得失。比如，一般留学生出国之后，往往组成分省相保的同乡会，当有人找到邹容时，他大声地批评说，中国人都是同乡，为何要以地域相格？！当时还流传着另一件关于邹容的趣事。在赴日本留学时，同行的一位友人知道邹容早年擅长篆刻，便拿着一枚空白石章，想请邹容在上面镌刻上“壮游日本”4个字。邹容看了看这位友人，“啪”地一下将石章扔还给他，“如果到日本一游便称作‘壮’，那叫那些环游世界的人该当如何呀？”一句话便令友人羞愧不已。

邹容于1902年九十月间到达日本，此时赴日留学活动可谓方兴未艾。这段留学经历为邹容在革命理论方面的深入思考、革命实践经验的迅速积累，提供了难得的机会。

当时赴日留学活动的开展与中国日益危急的形势密切相关。特别是1895年的中日甲午战争，极大地改变了中日力量对比的格局，甚至是国际关系的格局。日本政界进一步加紧了扩大自身在华势力及控制力的步伐，其中的一个重要举措便是培植对日亲善的未来人才，使之自愿成为日本日后掌控中国的联络人和先锋队。吸收中国留学生，对他们进行政治和文化渗透无疑是一条捷径。当然历史告诉我们，日本人并没有达到他们的预期，危急的国内形势极大地激发了青年们的爱国热情，众多忧国忧民的留学生反而把日本作为他们从事革命事业的基地和躲避清政府追捕的避难所，日本俨然成为中国资产阶级革命的策源地和爱国志士及革命者的渊薮。但是无论如何，日本政界的这一狼子野心在时任日本驻华公使谷野文雄的报告书中展露无遗。正是这位驻华公使力劝日本政府资助中国学生赴日本留学，“不仅中国官民依赖日本之情，将较往昔增加二十倍，且可无限量地扩张势力于大陆！”

而从中国这边来说，随着形势的日趋恶化，维新思想和维新运动渐成风潮，也有向西方学习的强烈诉求。比如当时的朝廷大员、洋务派的重要代表张之洞，就较早地认识到留学的重要性。1898年，在他的主导下，清政府派出了赴日教育考察团。考察团考察完毕后，以《东瀛学校举概》为名发表了公开的考察报告，以扩大影响。张之洞本人也在此时写出了影响很大的《劝学篇》，其中谈到留学问题，认为留学能起到事半功倍的效果，“出洋一年，胜于读西书五年”，“入外国学堂一年，胜于中国学堂三年”。他还着意对比分析了赴日留学的五大优点：

至游学之国，西洋不如东洋：路近省费，可多遣；去华近，易考察；东文近于中文，易通晓；西书甚繁，凡西学不切要者，东人已删节而酌改之。中东情势风俗相近，易仿行。事半功倍，无过于此。

1901年，镇压了戊戌变法、平息了庚子之乱的清政府迫于国内外压力，也进行了部分改革，其中之一便是派遣赴日留学生。这在一定程度上推动和鼓励了赴日留学运动。因此1902年夏秋之际邹容到达日本之时，可谓恰逢其时。随着留学生的规模逐渐扩大，日本各地兴办了不少留学预备学校，比如邹容就读的同文书院，差不多同时到达的鲁迅就读的弘文学院，都于这年的年初成立。在这些学校里，产生了许许多多影响整个中国近现代历史进程的爱国者、革命者。事实上，在这之前几年便已来日本留学的少数爱国青年，如戢翼翚、沈翔云、吴禄贞等人已经开始由维新转身革命，沈翔云发表《复张之洞书》，痛陈革命理由、主张民权；他们还结识了正在日本避难的孙中山，时常听孙中山讲解革命方略，对其钦慕不已，很快被吸纳为兴中会会员。他们积极行动起来，通过各种方式进行革命的学习和宣传工作。1900 年春天成立的励志会，便是由戢翼翚、沈翔云等人在东京成立的。它是第一个以中国留学生为主体的团体，其宗旨便是“联络感情，策励志节”。励志会很快成为当地留日学生活动的重要媒介，甚至发展成为一处重要的革命宣传机关。到年底的时候，励志会的一些骨干会员，如杨廷栋、杨荫杭、雷奋等又合力创办了杂志《译书汇编》，这也是第一种由留日学生主办的杂志。由于他们深信“政治诸书乃东西各邦强国之本原”，强调民权，因此着力译介了西方近代资产阶级启蒙思想家的一些政治论著，特别是卢梭的《民约论》、斯宾塞的《政治哲学》、孟德斯鸠的《万法精理》、伯盖司的《政治学》，以及日本学者鸟谷部铣太郎的《政治学提纲》等，受到留日学生的追捧，风行一时。1901 年 5 月，在孙中山的支持下，沈翔云、戢翼翚、杨廷栋、秦力山等人又创办了《国民报》，每月一期，辟有社说、时论、丛谈、纪事、来文、外论、译编、答问 8 个栏目，以“破中国之积弊，振国民之精神”为宗旨，号召人们推翻延续了 2000 多年的封建专制政体。这份报纸虽然因为经费奇缺，只刊行了 4 期便于当年 8 月停刊，但由于它针砭时弊，力主革命排满，宣传反帝爱国，政见鲜明，直击当时青年学生最为关心的问题，比如关于保皇与革命的问题，影响很大。邹容当时尚在国内，一年之后才到达日本，他到底是在国内还是抵日之后才接触到这份报纸我们已经不得而知，能够肯定的是，邹容对这份报纸所刊载的内容和主张相当熟悉，并且相当认同；甚至它的文风也颇受邹容的喜爱。如果我们仔细将它与邹容的《革命军》两相对照的话，便能感受到邹容与这些文章的作者真是志趣相投、惺惺相惜。特别是《中国灭亡论》《说国民》《二十世纪之中国》等名篇都为邹容所借鉴。比如邹容在《革命军·革命之原因》中以歌颂祖国的方式来激发民众的爱国热情时，这样说道：

且夫我中国固具有囊括宇内，震耀全球，抚视万国，凌轹五洲之资格者也。有二百万方里之土地，有四百兆灵明之国民，有五千余年之历史，有二帝三王之政治。且也地处温带，人性聪明，物产丰饶，江河源富，地球各国所无者，我中国独擅其有。

相似的论说，正是借鉴了《国民报》第 1 期社说《二十世纪之中国》：

且夫我中国固具有雄视宇内，威震环球，操纵万国，凌轹五洲之资格也。方里二千万，倍半于全欧；人民四百兆，六倍于北美；开辟五千余年，有尧舜禹汤文武周公孔之遗教，有英雄豪杰龙战虎斗之历史；且地处温带，人性聪慧，国多平原，物产饶裕，皆地球万国之所无，而我中国所独有者也。

在这样的革命氛围中，邹容简直是如鱼得水。比邹容早几个月到达日本的鲁迅曾特别描述过爱国学生在日本求知若渴的状况：

凡留学生一到日本，急于寻求的大抵是新知

识。除学习日文，准备进专门的学校之外，就赴会馆，跑书店，往集会，听讲演。

好不容易获得留学机会的邹容，于此更是有过之而无不及。他像一块海绵一样尽力吸收着资产阶级民权理论及自由思想，他对卢梭的景仰更深切了；他对孟德斯鸠的《波斯人信札》里所揭露的封建社会的腐朽没落感同身受，更对他在《万法精理》，也就是《论法的精神》一书里对“君权神授”的批判深以为然，而孟氏出人意料地在这部著作中对中华帝国专制制度进行了无情的批判，也令邹容心有戚戚焉；而约翰·穆勒的《论自由》、斯宾塞的《社会学原理》更使邹容久已思考的关于个人与社会之间的关系问题得到了系统的梳理和解答。除了对理论问题的强烈关注外，他还特别考察了法国、美国等国的资产阶级革命历史。他对卡莱尔的《法国革命史》爱不释手，波澜壮阔的法国大革命令他热血沸腾；他对美国的独立战争很是向往，特别欣赏《独立宣言》中体现的“主权在民”“人人生而平等”的思想和主张，尤其是对保障这些基本权利的美国宪法拍案叫绝，甚至在不久之后写定的《革命军》中，他特别提到要结合中国性质，仿照美国宪法，制定本国宪法。

在日本，他同样结识了不少志同道合的爱国志士，比如冯自由。冯自由原名懋龙，后来为了表示与维新派、与康有为的决裂，特意更名为“自由”，以示力主“武力排满”的决心。1895 年，年仅 13 岁的他加入孙中山创立的兴中会，虽然他后来一度破坏国共合作，投靠蒋介石，但他早期却是孙中山革命事业的追随者。其他诸如和邹容一同在同文书院补习的黎勇锡、陈芙昌，还有日后成为中华民国时期著名的政治家、国民党元老的张继，以及新文化运动发起者、中国共产党早期创始人陈独秀。虽然他们日后走上了不同的道路，但在唤醒民众、武力排满、主张民权等方面却有着共同的诉求和付诸实践的充沛胆量。1903 年邹容特意用一块寿山石制作了一枚印章，上面刻有“英雄心胆依然在”送给友人邓只淳，以此共勉。至于邹容是否曾与孙中山有过晤面或交往，目前我们还无从得知。但他的这些友人中却有不少与孙中山联系密切，而且他在1903年留日学生春节团拜会上发表的激情演讲也与孙中山在会前的指示颇为相合，再加上孙中山对邹容的《革命军》的大力宣传、对牺牲之后的邹容的特别褒扬，这些都使我们并不能完全排除两人相识的可能性。

邹容还积极参加留日学生界所组建的各类团体组织，如由秦毓鎏、叶澜、张继等人在1902年冬发起的中国青年会。这个组织以民族主义为宗旨，主张进行排满反清的民族革命，还编印了诸如《法兰西革命史》《中华民族志》等书籍。1903年，拒俄运动兴起之后，青年会中的很多成员都积极加入了拒俄义勇队。当然，天生具有鼓动和领导才能的邹容也积极准备筹建更先进的革命团体，他和他的好友钮永建等人原本计划组织“中国协会”，但后来由于形势变化、时间仓促等原因没能成功。

参加集会、发表演说，更是让邹容迅速成长为优秀的资产阶级革命家和理论家的重要途径。这与他的敢说敢做、喜欢思考的性格有关，也是受到日本留学生界革命氛围的强烈刺激的结果。长久以来积聚在邹容内心的万马奔腾的零思碎想开始逐渐系统化、条理化，他的革命理论渐趋成熟，他的革命话语体系也日益完善，到了喷涌而出的时候了。凡是有学生集会，总要登台演说的邹容，很快成长为与秋瑾齐名的演说家。最著名的一次便是 1903 年在留日学生春节团拜会上的那次精彩演说。

这次春节团拜会原本是一次常规的留日学生的迎春会，但当时尚在日本的孙中山，鉴于革命活动常常被保皇党人所利用，使不少留学生仍然停留于君主立宪、讳言排满的保皇主张上，因此他决定派人在这次聚会中，在清朝驻日公使及部分保皇人士面前，集中宣传排满抗清的重要性，以扭转人心，扩大影响，共图大业。他至少将这一任务布置给了两个人，一是马君武，另一个便是刘成禺。刘成禺在《先总理旧德录》中曾回忆了这次行动的过程：

召成禺及马君武赴横滨曰：……民族革命要在排满，舍排满而言民族，其能唤起国内人民之清醒乎？今有一机会，元旦留学生团拜，欢迎振贝子，

春節團拜會

公使蔡钧、监督汪大燮皆在，开演说会。禺生与君武能提出排满二字，以救中国。大放其辞，自能震动清廷，风靡全国。

不知是不谋而合，还是受到孙中山或其他什么人的启发，总之邹容一如往常，慷慨激昂地发表了一篇革命演说，“大倡排满主义”，揭露清朝政府的残暴腐朽、质疑其政权的合法性，号召人们抛弃幻想，勇敢地进行排满革命。这次演讲直到几年后依然为人们所津津乐道，更令在场的青年学生热血贲张、口沸目赤，简直要摩拳擦掌与清王朝政权奋力一战了！

这次突然的排满宣讲令在场的满族子弟及驻日公使蔡钧、留学生监督汪大燮冷汗涔涔、恼羞不已。一个名为长福的宗室子弟，刚想进行反驳，立刻被热血青年们厉声呵止。这次春节团拜会，实在是一次绝佳的反清革命的宣传大会，极大地鼓舞了青年学生的爱国热情，坚定了不少尚在徘徊中的中间人士的革命意志。

06 叱咤风云《革命军》

对邹容来说，虽然在日本的这段时间并不长，只有半年多，甚至与他年仅 20 岁便壮烈牺牲的短暂一生相比的话，似乎也只是他生命中的一小段，但是这次宝贵的留学经历对他的影响，甚至对整个中国资产阶级民主革命来说，都是至关重要的。一方面，他对西方包括日本近代革命理论、革命思想进行了直接的、系统的学习；另一方面，他在一次次集会、一场场演讲，在各种革命组织的组建、革命活动的筹划中，既得到了较为充分的锻炼，又加深了对国内外形势的了解，增加了对国内各种社会力量、各个社会阶层的生存状态、精神思想状况的了解。如果说在这之前他的各种想法和言论，是他出于强烈的爱国心和民族主义思想而进行的较为感性的、直观的、零碎的思考的话，那么在日本留学时期，则是他的大脑、他的精神、他的思想进行快速整合，日趋系统化、理论化的关键时期。行文至此，我们似乎能够看到这样一个年轻的思考者、思想家，时而颦眉沉思，时而扬眉抵掌，时而攥拳击案，时而扼腕叹息，各种思想、学说、图表、数据在他的头脑中高速地奇妙组合，属于他个人的革命理论体系马上就喷薄而出了！他自己也曾简单地概括过这一过程，“录达人名家言印于脑中者，及思想所不平者，列为编次，以报我同胞”。

这部著作便是确立了邹容作为中国近现代资产阶级革命理论家、宣传家地位的《革命军》。它是中国近代历史上第一部系统地、明确地宣传资产阶级民主共和国思想的著作，也被誉为中国近代的“人权宣言”。作者邹容用最直白、最深切、最震撼人心、最具感召力的语言，以及最饱满、最激昂的情绪热切地发出了革命的最强音！直接引领了革命时代的真正到来！他系统地阐述了为什么要革命、如何进行革命、如何教育民众进行革命、革命的对象目标等问题，特别突出的一点是，他还较为详细地描述和规划了理想中的资产阶级民主共和国的蓝图，这是中国近代资产阶级关于未来社会的首次系统建构。

首先是为什么革命的问题。这个问题与革命的对象目标的问题也是密切相关的。在这个问题上，邹容以西方资产阶级民权民主思想为工具，集中系统地批判了中国长达2000多年的封建君主专制；以民族主义甚至大汉族中心的民族主义作为武器，一针见血地抨击了政权的残暴统治；以东西对比的全球视野、贯通古今的历史方法，揭示了华夏民族危在旦夕的窘困现状，揭露了满汉之间极度不平等的种族歧视政策，以及政权利用诸如科举制度、千叟宴等为手段笼络汉人、驱策汉人、压制汉人的阴险用心。对此，邹容表达了极度不满：

我同胞不见夫彼所谓八旗子弟、宗室人员、红带子、黄带子、贝子、贝勒者乎？甫经成人，即有自然之禄俸。不必别营生什，以赡其身家；不必读书向道，以充其识力；由少爷而老爷，而大老爷，而大人，而中堂，红顶花翎，贯摇头上，尚书侍郎，殆若天职。反汉人而观之，夫亦可思矣。

而对汉族人，则极尽压榨之能事。“敲吾同胞之肤，吸吾同胞之髓，以供其养家奴之费，修颐和园之用”；“开学堂则曰无钱矣，派学生则曰无钱矣，有丝毫利益于汉人之事，莫不曰无钱矣，无钱矣。乃无端而谒陵修陵，则有钱若干，无端而修宫园，则有钱若干，无端而作万寿，则有钱若干”。

而对满清政权软弱无能，置国家于危难之中的专制统治，邹容也是尤为愤慨：

主人之转卖其奴也，尚问其愿不愿。今以我之土地送人，并不问之，而私相授受；我同胞亦不与之计之较之。反任之听之。若台湾，若香港，若大连湾，若旅顺，若胶州，若广州湾，于未割让之先，于既割让之后，从未闻有一纸公文，布告天下。

通过对革命原因的阐述和剖析，邹容进一步认识到国民教育问题。这实质上已经触及革命的本质问题，也涉及如何进行革命的问题，也就是需要改变国家、改变民众的整体气象。在邹容看来，如果不唤醒民众、启迪民众，那么革命便缺少成功的根本保证。当然民众的民权意识、民主意识也是他构建理想共和国的应有之义。由此，他怀着悲愤的心情一针见血地指出了社会各个阶层的局限性。他既痛心于底层民众的愚昧无知、麻木冷漠；又抨击了士人阶层道貌岸然、缺乏根骨、软弱摇摆的阶级局限；更对以洪承畴、曾国藩、李鸿章等为主的清政府要员助纣为虐、残杀同胞、甘为清王朝做马牛的行径尤为不耻。他还用辛辣、痛心的笔调描述了汉学家的琐碎呆板、宋学家的空谈性理、辞章学者的浮夸矫饰，以及所谓名士的自命风流、投机媚世。

中国士人，又有一种岸然道貌，根器特异，别树一帜，以号于众者，曰汉学，曰宋学，曰词章，曰名士。汉学者流，寻章摘句，笺注训诂，为六经之奴婢，而不敢出其范围。宋学者流，日守其五子《近思录》等书，高谈其太极、无极、性功之理，以求身死名立，于东西庑上一瞰冷猪头。词章者流，立其桐城、阳湖之门户流派，大唱其姹紫嫣红之滥调排腔。名士者流，用其一团和气，二等才情，三斤酒量，四季衣服，五声音律，六品官阶，七言诗句，八面张罗，九流通透，十分应酬之大本领，钻营奔竞，无所不至。此四种人，日演其种种之活剧，奔走不遑。

基于这种现状，邹容认为应该大张旗鼓地进行革命教育。而且，在邹容看来，文明的革命，应该是有破坏、有建设，破坏是为了更好地建设，为国民争取平等自由之权利。这也是他所提倡的资产阶级革命区别于之前的义和团运动的主要特点。同时他认为，破坏和建设并不是先后的关系，而应该是并行的，即革命与教育并行，他特别指出这一观点来自意大利建国元勋之一马志尼的启发。用邹容的话说，便是“革命之前，须有教育；革命之后，须有教育”。在具体的教育方案上，邹容提出了“三义”“四种”的主张。所谓“三义”指的是：人人当知中国者中国人之中国也；当知平等自由之大义；当知政治法律之观念。所谓“四种”指的是：养成上天下地，唯我独尊，独立不羁之精神；养成冒险进取，赴汤蹈火，乐死不辟之气概；养成相亲相爱，爱群敬己，尽瘁义务之公德；养成个人自治、团体自治，以进人格之人群。

要实现这一教育目标，在邹容看来，最重要、最急迫的任务便是教育民众认清和去除国人千百年来根深蒂固的奴隶根性，所以他号召人民做国民不做奴隶，做新时代有民权意识的国民。他特别形象地比较了奴隶与国民的形象差异：

奴隶者，与国民相对待而不耻于人类之贱称也。国民者，有自治之才力，有独立之性质，有参政之公权，有自由之幸福，无论所执何业，而皆得为完全无缺之人。曰奴隶也，则既无自治之力，亦无独立之心，举凡饮食、男女、衣服、居处，莫不待命于主人，而天赋之人权，应享之幸福，亦莫不奉之主人之手。衣主人之衣，食主人之食，言主人之言，事主人之事，倚赖之外无思想，服从之外无性质，谄媚之外无笑语，奔走之外无事业，伺候之外无精神，呼之不敢不来，麾之不敢不去，命之生不敢不生，命之死不敢不死。

他还特别指出，中国人无历史。中国人所谓二十四史，实际上是一部大奴隶史。即使是在清朝政权中身居要位的曾国藩、左宗棠、李鸿章等人，也只是中国人作为奴隶的代表罢了。所以他大声呼号，愿我同胞，万众一心，砥砺互进，去除奴隶根性，进而成为中国国民。

按照邹容革命与教育并行的主张，在如何进行革命的问题上，除了革命的教育外，他更大力疾呼必须要奋力推翻专制、腐朽、残暴的清朝政权。他甚至条分缕析地梳理了各地区的人种，特别是黄种人之分布与历史，以此论证汉民族历史之伟大、人种之优越。虽然这种种族论有其局限性和狭隘性，但在中国近代革命宣传时期，确实起到了鼓舞民心、凝聚民力的作用。

在关于革命对象与目标方面，邹容也有明确的主张和阐释。在他看来不但要推翻政权的专制残暴统治，而且要反对外国及外部势力对中国革命的干涉，与各国建立平等的邦交关系。虽然他没能明确提出反帝反封建的主张，但他确实对中华民族所面对的这两方面的敌人有了初步的、模糊的认识，是较早认识并有勇气提出反对西方列强的资产阶级革命家之一。他甚至较为详细地规划了革命的步骤、路线及建立理想国家的蓝图。他具体地提出了个人天赋的种种权利，人民应具有的诸如言论、思想、出版权利，当然也规定了国民应尽的种种义务，同时主张通过制定宪法、召开议会、选举议员等方式保障这些权利的享有及义务的履行。他尤其重视人们推翻专制、暴虐的政府的权利，认为这是人民至大权利，且为人民自重之义务。邹容的这些主张在今天看来自然只是一个很简单甚至稍显粗糙的对未来中国的畅想，但它却是中国资产阶级革命史上首次提出的较为完整的建国方略。这一构想不但冲破了中国历史上农民起义不离皇权主义的循环怪圈，也揭示了政权的顽固专制与外强中干的落后本质，因而跳出了资产阶级改良派君主立宪路线的保守窠臼，这也是这部著作能成为中国资产阶级革命史上最重要的文献之一的重要原因。

07 快剪刀除辫

《革命军》的大部分内容都是邹容在日本留学期间完成的，后来发生的一件看似偶然、实则有其必然性的事件，使得邹容的留学生涯提前结束，这便是章太炎纪念邹容的诗里面提到的“快剪刀除辫”事件。说是偶然，是因为它看似只是几个热血青年在愤激的情绪下，冲动地甚至有些恶作剧性质地剪下了某个清朝官员的辫子而已；说其必然，则是因为这是革命青年与顽固、保守的清朝政权，以及蛮横无德的政府官员的必然冲突。双方的较量与冲突实际上一直存在。上文提到的春节团拜会的排满演讲就是其突出表现，而这次剪辫子事件也同样如此。究其具体原因，至少有以下两方面。一是清朝驻日官员如驻日公使蔡钧、留学生总监督汪大燮、留学生监督姚文甫等人对于留日学生的爱国革命活动百般阻挠，甚至勾结日本政府进行镇压，迫害进步学生。比如，1902 年，由于驻日公使蔡钧不愿送一些学生进入成城学校学习，吴敬恒带领这些学生据理力争，最后被蔡钧等人以妨害治安为名，勾结日本警察将吴敬恒、孙揆钧二人驱逐回国；1903 年的新年团拜会后，马君武也被迫害不能进入成城学校继续学习，刘成禺亦不能入联队实习。诸如此类的事件还有很多，双方之间的冲突也日益升级。二是留学生监督姚文甫，不但出了很多坏点子，而且此人品行极端低劣。当时有传言说他与另一个驻日官员的小妾有染，甚至还曾诱奸女学生，也可以将之视为这次事件的导火索。这种龌龊行为激起了爱国青年学生的极度愤慨，于是邹容和好友，也是留日学生革命活动的积极分子张继、翁浩、王孝缜以及陈由己，即后来的陈独秀，一起商量找个机会教训一下这位驻日官员，以儆效尤。这年 3 月底，几个热血青年冲到姚文甫的家门口，撞开房门，按住姚文甫本人，指着他的鼻子，清算他所做过的所有阴险狡诈的丑事恶行。说到激烈之处，几人分工合作，有人拿起剪刀，有人按住姚文甫的腰，有人扯住他那象征着清朝走狗的辫子，咔嚓一刀剪了下来，直吓得姚文甫哀号连连，不断讨饶。邹容几人则厉声警告他，“纵饶汝头，不饶汝辫！”他们拿起他的发辫悬挂于留学生会馆的屋梁之上示众，甚至标明“此乃留学生监督姚文甫的发辫也”。

这次剪辫事件极大地鼓舞了留日学生的士气与革命热情，甚至这一消息传到国内之后，也有很多爱国志士拍手叫好，交口称赞，真是一次快意恩仇、鼓舞人心的革命宣传。这也给邹容等人招来了不小的祸端。驻日公使蔡钧也颇有些兔死狐悲的危机感，于是加紧了对爱国革命学生的迫害、对爱国活动的绞杀。他还特别照会日本外务省，要求向同文书院索拿邹容，后来清朝官员在谈到留学生界风气的时候，还指责邹容，“近来留学生之宗旨变坏，应推邹逆为祸首”。可见，邹容确实是革命活动的积极参与者，革命思想的积极践行者。他也赢得了许多好友和爱国学生的拥戴，他们积极劝说邹容悄悄回国避难。虽然并不畏惧，但已经羽翼丰满、信念坚定的邹容决定立即回国，直接投身于推翻清朝

政权、建立民主共和国的革命事业中去。留学生涯的突然中止，并不是他革命事业的终结，反而预示着他一生中革命实践活动高潮的到来。《革命军》的写作表明他的革命建国理论已初步成形，各种革命组织、革命活动的广泛参与使他迅速成长为有实践经验的资产阶级革命斗士。除了抵御外侮、建立中华共和国的远景目标外，他更清楚地认识到最为急迫的近期革命任务及革命对象。简言之，他不但需要手持正义之剑直面腐朽暴虐的满清政府，还需要唤醒万千沉睡的民众，同时尚需与保皇派和对清政府持同情态度、尚存依恋心态的人进行论战和斗争。回到祖国去，成为此时邹容最强烈的诉求，他要发挥一石激起千层浪的作用，将自己的全部力量投入一潭死水的国内舆论界，启发蒙昧民众，掀起国内民族革命斗争的惊涛骇浪。

08 英雄四起挽沉沦

1903年4月初，怀抱着满腔革命热情的邹容与好友张继一同回到国内，他没有立即回家拜见双亲，也没有逃避可能的政府追捕，甚至没有做短暂的休整，而是直接留在上海迅速投身排满建国的革命事业。

此时的上海，正处于革命兴起的前夜，既有歌舞升平的热闹喧嚣，又有贩夫走卒的艰辛无奈；既有腐败嚣张的各种中外反动势力，又有甘为奴隶、不思反抗的沉睡、沉默的大多数国人。同时，在一片沉寂之中，除了曾经引起全国震动的维新思想之外，也或隐或显地涌动着革命的星星之火。邹容正是被这些尚显微弱的革命之光所吸引，毅然决心留在上海与这些革命志士一道为排满、为革命、为建国贡献心力，抛洒热血。他常常伫立于窗

前，一边望向繁华的上海街市，一边苦苦思考如何宣讲革命，如何启蒙民众，如何将理想的中国变成现实。

可以说，这时的中国，表面看来平静，但其实涌动着革命的火花。在这些忽明忽暗的火花中，上海由于历史的以及现实的各种原因，成为各方势力角力的中心；同样地，它也自然成了革命的重要策源地，其中尤以中国教育会及爱国学社的革命活动引人注目。

中国教育会曾被称为“第一革命团体”，是在维新运动特别是义和团、庚子国变之后，举国开始重视教育的背景下建立起来的。主要发起者蔡元培、叶瀚、林少泉、蒋智由、乌目山僧宗仰、钟观光等人，要么曾经是维新运动的积极参与者、支持者、同情者，要么是革命派及其追随者，他们一方面接触了不少西方近代的科技、数理知识以及启蒙思想；另一方面已经开始认识到教育的重要性，主张教育救国，有些人在这之前已经有了较为丰富的办学经历。戊戌六君子惨遭杀害、维新变法的失败，特别是丧权辱国的庚子国变后，这些人普遍开始倾向革命，希望通过教育宣传，使革命思想深入人心。因此中国教育会表面上是致力于教育事业，实际上则是宣传革命；其建立与发展则与学潮的兴起和革命思想的传播密切相关。早在1902年春，中国教育会已经宣告成立，但由于经费不足，加之清政府对民众的反抗斗争加强了控制，对思想方面的钳制也更加严厉，因此成立初期实际教育活动较少，会员人数也没有大规模的扩充。直到这一年的夏天，发生了日本留学生事件，特别是后来南洋公学爆发学潮，就像平地惊雷般将这片沉寂的水面翻腾出一片片巨浪。

日本留学生事件前文已经提到，缘起于吴稚晖（敬恒）等留日学生打算进入日本成城学校学习，需要清政府驻日公使出具保证书，但当时的公使蔡钧却秉承清政府的旨意，对留学生心存戒备，因此对留学生的请示百般推诿，甚至阻挠。这使吴稚晖、孙揆钧等青年学生极为不满，甚至发生冲突。日本各地的留学生以及国内志士也都支持这些留学生的反抗行动。中国教育会的会员也受到这次事件的激励，起而响应；特别是吴、孙二人自日本回到上海后，中国教育会在张园举行了声势浩大的欢迎大会，到场者有百人之多。在会场上，颇具口才与鼓动力的吴稚晖情绪激昂、义愤填膺地讲述了这一事件的前后始末，说到动情处，特别是对于清政府的腐朽昏聩、驻日公使的蛮横无理，以及国家岌岌可危之势的讲述，直叫人捶胸顿足，愤激不已。后来中国教育会及其他热心人士也曾设法解决留日学生进入成城学校的问题，有人提出可以尽力向日本游说，使对方答应赴日留学生不经过清政府的驻日公使，而直接由中国教育会保送；也有人认为这一方案并不太可能实现，倒不如考虑由中国教育会直接兴办学堂。由此，中国教育会办学一事被提上日程。

南洋公学的退学风潮无疑加速了这一进程，也更加促使国内青年学生反抗政府、倒向革命。南洋公学于 1896 年由盛宣怀在上海创办。盛氏是洋务派，这所学校充分体现了他的洋务思想，不但中学、西学兼具，而且是我国最早同时办有师范、小学、中学、大学的完整教育体系的新式学校，在当时很有影响力。建校百年来，创造了辉煌的办学历史，是现在我们熟知的上海交通大学、西安交通大学等名校的前身。著名的革命家、教育家蔡元培，既是中国教育会最初的发起者，同时也任教于这所学校。可以说，这样一所新式学校既是处在清政府控制下的一所学堂，又是一群挥斥方遒、反抗意识正在觉醒的青年人的会集地；既是传统思想、传统教化之地，又是新知识、新思想滋生之所。退学风潮的导火索——“墨水瓶事件”就体现了这其中紧张的对峙状态。不难想象，事件中的一方也就是中文教员郭镇瀛代表了传统守旧阵营，事件中的所谓闹事学生则多是受到西方思想、西方学术、西方科技影响的青年学生，二者之间本来就有着思想观念方面的差异。事件的大致经过是这样的。1902 年 11 月的一天，中文教员郭镇瀛来到公学五班上课时，发现他的座位上有一个空的墨水瓶，顿时火冒三丈，认为学生以此来讽刺他没有学识，进而态度激烈地要求学生们交代到底是何人所为。多番查问下来，仍不能找出始作俑者，气得郭氏找到学校要求直接开除班内离他的座位较近的 3 名学生，并认为五班全班学生都有隐匿不报之嫌，应予以集体记过的处分。这使得五班学生极为不满，特别是在校方同意了郭氏的意见开除了那 3 名学生之后，全班学生再也压制不住内心的怒火，决定集体退学以示抗议。消息传开后，全校学生议论纷纷，不少人对五班学生表示同情。校方不但没有采取缓和措施，反而准备以“聚众开会，倡行革命”的罪名将五班学生全部开除。矛盾进一步激化后，大多数学生都行动起来，公推代表与校方谈判论辩。一向爱护学生、主张革新的蔡元培也积极奔走，为学生发声，但都无济于事。这一事件以大多数学生愤而退学告终。经由这一事件引发的退学风潮是我国近代教育史上第一次大规模的学生运动，既是一次新旧之间矛盾冲突的集中上演，又从舆论上为革命思想的宣传和接受创造了条件。

日本留学生事件以及这次南洋公学退学风潮，既激发了青年们的爱国热情，又使革命开始成为更多人的追求。中国教育会则应时而动，在这场水火不容的冲突热潮中，旗帜鲜明地支持学生们的诉求，并积极响应学生们的需要，先后开办了爱国学社、爱国女学校。特别是爱国学社，由蔡元培做总理，吴稚晖做学监，章太炎等革命先行者也参与其中，大多数教职员都是义务工作，不求报酬，靠在其他地方的工作谋生。学社对于学生的管理也极为宽松，给予学生很大的自治权。又把学生分为若干联，学生可以任选一联加入，联长则由本联学生推选，遇到大事小情，往往由学联开会公决。除日常教学外，爱国学社也积极组织各种集会、演讲，并且鼓励和支持教员及学生发表自己对时局的看法。还创办了诸如《童子世界》之类的刊物。《童子世界》所刊内容丰富，后来又增辟了社说、时局、政治等现实评议类的版面，对历史、社会等方面知识甚至自然科学知识也有涉及。对于各地发生的学生反抗事件或者退学风潮，爱国学社也是积极的声援者和支持者。于是吸引了越来越多的青年积极加入，也使革命思想宣传更成为可能。

就在邹容回国前后，由于广西巡抚王之春图谋以出卖广西各处的路权、矿权等为代价，借助法国势力镇压国内革命运动，引发了大范围的抗法斗争。日本留学生和中国教育会及爱国学社相互声援，准备成立义勇队。恰在此时，南京陆师学堂的部分学生也因为反抗学校对于学生言论和行动的钳制而发生了退学风潮。章士钊、林立山等人带领40多个学生加入了爱国学社。与此同时，镇压义和团时强占中国东北的沙俄军队拒绝如约撤退，并提出7项无理要求，这激起了全国各地民众的强烈反对，在日本的留学生更是早早动员起来。上海在中国教育会和爱国学社的组织下亦是如此，拒俄运动的声势也逐渐扩大。他们常常组织学生和爱国人士在张园集会，特别是认识到俄国人的狼子野心后，青年学生和爱国志士们召开了拒俄大会，通电俄国政府和清政府，表示对于俄国的无理做法和无理要求，即使清政府答应，中国亿万民众也绝不答应。鉴于留日学生已组织了义勇队，蔡元培等人也积极组织爱国学社及其他爱国志士筹建上海拒俄义勇队，后来定名为军国民教育会，并编成若干小队进行训练，由章士钊、林立山等陆师学堂退学学生以及爱国学社原有的体育教员担任教练。一时之间，反抗之举、革命之声日益激烈。

张园，也就是“张氏味莼园”，是一个名叫张叔和的商人在所购旧园的基础上改扩建而成的，是这一时期上海首屈一指的私家园林。里面不但有各种丰富的服务设施，而且还建有当时上海最高的建筑，也就是“安垲第”（Arcadia Hall），可以容纳上千人召开会议或组织集会，还可以鸟瞰整个上海，加之交通便利又地处租界，自然受到爱国学社的青睐。他们定期在此集会，逐渐把张园变成演讲、论辩、集会、公决的场所，特别是遇到军事、外交或边疆出现危机，或者爆发学生退学风潮等事件时，爱国学社往往都会组织各种活动作出反应。

邹容在从日本回国之前，不但在革命纲领、革命理论方面有了较深层面的思考，如《革命军》的写作；而且具备了丰富的革命宣传和革命活动的经历。一朝回国，来到上海，他立即和自己的好友张继一起，致力于革命事业的开展和推进工作。虽说这一时期革命活动、革命思想、革命氛围都较前一时期有了比较大的进展，但实际上在邹容回国之时，革命主张还没有得到广泛传播，哪怕是在青年学生和爱国人士之中也没有获得普遍的支持。章士钊也曾在《苏报案始末记叙》一文中谈到《苏报》案之前国内的整体状况时，指出此时敢于谈革命者大多都是在中国香港、东京等地，国内的爱国人士或者是不敢谈，或者是不肯谈。总之，传统保守的、维新改良的、中庸调和的、悲观投降的，种种论调在这一时期同时并存，中国人民梦寐以求的富强之路仍处在苦苦的摸索之中。可以说，回到上海，是邹容在坚定了革命信仰之后迫切需要革命实践的必然决定，并非纯粹是逃避清政府驻日官吏的迫害。这里，才是他实现革命理想、施展革命抱负的最佳舞台。在这里，他既接触到形形色色的人，各种各样的救国主张，又遇到、找到了更多的革命盟友，见证或经历了更大规模的激烈交锋，他的革命意志也受到进一步的激发，更加明确和坚定。

在这里，他见到了之前就倾慕不已的革命宣传家章太炎，尽管两人年龄差距有 16 岁之多，尽管两人在人生经历包括学识方面也有很大差距，特别是两人的社会地位也极不匹配，但同样坚定的排满革命主张，同样充沛的反抗压迫的斗争精神，同样有些偏执、愤世嫉俗的性格，同样直截了当甚至有些放荡不羁的处世方式，使他们一见如故，引为同道，成为忘年之交。邹容不但欣赏章太炎丰富的学识、高明的见解，因而常常向他请教，而且对于章氏坚定的革命立场，大无畏的革命意志，不拘小节的革命气概，不流于世俗、我行我素的革命品质，表示由衷地钦慕；章太炎也认为邹容身上初生牛犊般的锐气、勇气，不计功名、纯粹质朴的革命热情，都是这位青年革命者所特有的品格，因而也非常乐于解答邹容提出来的各种问题和困惑，对待邹容也远比对待其他青年更为耐心，投注了更多期许。他们虽然经常参加爱国学社的活动，但对于社中那些不很纯粹的爱国者，往往持比较严厉的态度。比如，有些学生花费很多精力和时间来学习包括英语在内的外语，以期日后于谋生有助益，邹容对此曾表示不满，并当面戏称其为商人，认为这些学生太过于现实，差点被学生殴打；对于早年加入英国籍的冯镜如，他也曾直白地诘问对方所谓的“国民议政厅”之“国民”，到底是中国国民，还是英国国民？邹容的眼光是锐利的，这位冯镜如的革命立场并不坚定，甚至很快便作为保皇立宪派的一员公开与革命派对立。章太炎差不多也是如此。由于爱国学社自建立之初便给予了学生极大的自由和自治权力，这在一定程度上助长了学生唯我独尊、恣意妄言的习气，教员们也往往采取息事宁人，甚至放任学生、听命于学生的态度。章太炎则对这种做法表示不齿，在他看来，吴稚晖正是这类教员的典型代表，因此与吴氏日益交恶。他还常常批评这些学生把控学社，每天只知道结党议论，不思进取以增长自己的见识和能力，日后为国家所用。由此可见，邹容和章太炎这些纯粹的革命者与普通的爱国学生之间有着不小的矛盾。这一方面说明了这一时期革命思想、革命活动的宣传和实践还不够充分，另一方面也预示了爱国学社、中国教育会这些革命团体的分裂、分化的不可避免性。

除了章太炎外，邹容还在爱国学社结识了章士钊，他住进爱国学社时正好与章士钊同住一室。同样意气风发的两个青年，加上志同道合的革命理想，自然成了亲密无间的革命盟友。再加上邹容的好友张继，四人结成了关系紧密的革命兄弟。四人之间的佳话，还有一段故事。章太炎在爱国学社教授国文时，往往将他的反抗君权、排满革命的思想灌注其中。比如，他教学生作个人自传时曾戏谑地将题目命名为“某某人本纪”，本纪是旧时史书体例中对于皇帝传记的叫法，在过去严格的封建等级制度下，普通人是绝不可以僭越的。对于章太炎的这类做法，邹容是很赞成的，并特意戏称章太炎为“皇帝”。两人谈笑间，便将章太炎唤作“东帝”，将邹容唤作“西帝”，因为相对于邹容的出生地四川巴县来说，章太炎的家乡浙江余杭，显然是地处祖国的东部地区。两人不拘小节、放荡不羁的性格从这个故事中也可见一斑。后来他们又把生于河北的张继称为“北帝”，把生于湖南的章士钊称为“南帝”，合称“四帝”。由此我们也可充分感受到这些革命者的乐观主义精神。当然，也有一种说法，说四人于酒楼开怀畅饮之际，由章太炎提议义结金兰，成为异姓兄弟。大哥自然是章太炎，张继为二哥，章士钊和邹容则分别为三弟、四弟。总之共同的理想、共同的追求使这些革命的先行者成为彼此信赖的战友。

当然，这一时期与邹容密切交往的爱国志士还有不少，如我们熟知的柳亚子，还有和邹容一样英年早逝的革命者陶亚魂，等等。这些朋友不但和邹容一样有着忧国忧民的爱国热情，而且对于改变现状、实现国家富强的路径也有着较为一致的主张，那就是革命；他们在生活上也是互相支持、互相帮助，这对于远离家乡、不被家族和亲人理解的邹容来说，真是莫大的温暖和安慰。他们之间密切的砥砺互助，也进一步激发了邹容对于革命理论和革命实践的思考，他也和这些革命志士一样积极地投身于各种革命活动之中，并积极组建革命组织，筹划革命方略，参与革命论辩，很快便在爱国团体中崭露头角。

就像在日本时一样，对于中国教育会和爱国学社组织的各种集会、演讲、公决活动，邹容都是积极的参与者。抗法拒俄运动爆发时，他不但和许多爱国志士一起在张园签名加入了“国民公会”和义勇队，发誓要以血肉之躯“保全中国国土”与“国权”，而且还多次登台演讲，如在爱国学社定期举行的月会上，邹容便以“论改革中国现时大势”为题发表演讲，情绪饱满，语气激昂，“滔滔辩论，旁若无人”，令人为之动容。很快邹容便成为革命者中引人注目的一员，“海内渐闻邹容之名”。

虽然邹容实际从事革命活动的时间并不算长，但在日本及回国之后的各种经历，特别是在爱国学社的这段时间，使邹容越来越感到当时中国各地的学生团体仍处于比较分散的状态，虽然有时也会相互声援，但常常不能统一行动，从而在全国范围内形成更有影响力、更具鼓动性的革命思潮。而且从爱国学社的情况看来，不少学生的爱国意志并不纯粹，也不十分坚定，需要对爱国学生进行系统的教育和革命宣传，这就势必需要建立一个有系统、有组织、有章程的全国性爱国学生机构。持有此种看法的也不仅仅是邹容。比如，在日本创办的《浙江潮》杂志就曾于 1903 年 4 月刊发文章，号召留日学生打破地域界限，建立统一的革命团体。很快，邹容就着手组建“中国学生同盟会”，他的目标正是建立一个全国范围内有统一纲领、统一行动的革命组织。邹容倡议建立的这一组织，虽然由于后来形势突变，邹容被捕入狱并瘐死狱中，而宣告流产，但建立全国统一性的革命团体这一主张和做法显然是正确和必要的。一个有说服力的论据就是这一组织很快便得到了日后与章太炎、邹容并称为中国资产阶级革命宣传家的陈天华的支持。陈天华当时尚在日本东京，听到邹容的主张，非常激动，立即着手撰写了《论中国学生同盟会之发起》。这说明在这一问题上，两人不谋而合，有着共同的看法和诉求。陈天华也正是在这时发现在历次运动中，特别是最近的拒俄运动中，各地的青年学生们虽然组织了种种抗议活动，而且看起来个个意气风发、“气象特佳”，但由于没有强有力的组织领导，往往不能持久，革命的主张也就很难“见诸实行”。有鉴于此，他非常赞赏邹容的做法，热情地表彰邹容的贡献：

蜀邹容者，东京退学生也，愤中国学生团体之不坚，毅然创一中国学生同盟会，海内学生皆要求入会，各省各设总部，各府、县各设分部，权利、义务分条揭章（会章另登），其目的在于学界成一绝大合法团体，以鏖战于中国前途竞争逼拶者也。

还要指出的是，孙中山于1905年创建的“同盟会”，不论从名称上，还是从建立的意图上，应该都与邹容倡议建立的“中国学生同盟会”有相近的考虑。

09 慷慨激昂说革命

前面我们提到过，这一时期的革命形势并不明朗，“革命”一词也并不是可以在任何时间任何场合都宣之于口的字眼。随着国内外形势的变化，清政府也加紧了对爱国青年及革命活动的控制和镇压。特别是抗法拒俄运动愈演愈烈之后，清政府不但对留学生相关的各种活动百般阻挠，甚至恶意破坏、强力缉捕，而且对于国内的爱国言论和活动也是如芒在背，虎视眈眈地必欲除之而后快。比如，驻日公使蔡钧在拒俄运动发生伊始，便致电湖广总督端方，告诉他日本留学生已组成了 200 余人的义勇队，以拒俄为名，实际上准备到国内各地从事革命活动，还请端方一定要让各地官府严密缉拿。清政府商务大臣吕海寰也急切地告诉江苏巡抚恩寿，一些所谓的爱国青少年常常在上海租界中的张园聚众议论国事，请恩寿尽快想办法将为首之人秘密捉拿并予以严厉查办。外务部也向沿江沿海各省督抚致电函，指出上海的爱国学社，“招集群不逞之徒，倡演革命诸邪说”，要求对其“查禁密拿”，同时认为各地学生中也不乏“猖狂悖谬，形同叛逆”者，也要求后者对以爱国学社为首的学生组织及学堂加强整顿，“随时惩办”。由此可见，爱国学社已经引起了清政府的高度重视和极度仇视，随时准备对其进行严厉的惩办。邹容等人正是在这样的政治环境中从事非常危险的革命活动的。

更为复杂的问题还在于爱国群体内部的意见纷争。比如，爱国学社和中国教育会之间的分立，以及爱国学社和中国教育会各自内部的派别之争。早在中国教育会成立之始，便至少存在着较为激进与较为温和的两派。激进派更倾向于在办教育的外表之下，实际从事革命的秘密传播和活动；而所谓温和的一派则倾向于更为纯粹的办教育，以渐进的方式教育中国青年，首先开启他们的智识，进而培养他们的国家观念，徐图国富民强，摆脱外侮。即使是较为激进的一派，如前文提到章太炎和邹容，与吴稚晖等人也有不小的矛盾。爱国学社原本是在中国教育会的全力支持下创办的，但由于中国教育会后续经费的匮乏，逐渐引起爱国学社部分学生的不满，甚至认为前者反而要靠学社收取的学费来维持日常活动，这种不满越来越严重，加上吴稚晖对学生的同情和支持态度引起章太炎等人的愤怒，双方矛盾日益尖锐，虽然宗仰、蔡元培等人积极斡旋和调解，仍于事无补，最终只能听任二者分立。爱国学社和中国教育会的分裂，说明了这一时期革命团体和革命活动仍处于散漫的民主阶段，缺乏严密的组织和坚定的革命信仰，一有风吹草动，便有可能倾覆于旦夕之间。

此一时期，更为紧要、更为急迫的斗争是存在于维新派与革命派、保皇党与排满革命党之间的论战和斗争。维新派和革命派也并非截然对立的两派，二者都力图使中国摆脱落后屈辱的现状，走上富强之路。许多革命派甚至曾经就是维新主张的积极倡导者和践行者，只是对于清政府腐朽统治、卖国媚外的行径逐渐放弃幻想，进而转向排满的革命路径。还有不少人在维新与革命之间，在保皇与排满之间，或者没有明确的立场，或者立场几经转换，这都决定了二者之间的差异和斗争呈现出非常复杂的状况。比如，一旦遇到国家民族的危急时刻，特别是涉及外交、战争、疆土问题时，往往两派都同样关注，甚至共同采取行动。当时的实际情况是全国大多数人，也包括青年学生，毫无疑问的大都是爱国者，对于中央及各级政府也保有着惯性的依赖，会自然地想到向政府请愿，由政府来承担维护国家和国民利益的任务。这也说明了为什么近代中国资产阶级首先发起的是维新变法运动，而不是直接推翻清政权的暴力革命运动。在这种情况下，有两点需要明确：一点是二者之间的差异是非常大的；另一点则是保皇思想、维新主张在这一时期仍然占据很明显的优势地位，革命党需要花费相当的精力促使民众特别是青年学生认识到革命的必要性，也包括使他们认识到维新派、保皇党的主张难以在近代中国取得实效。

邹容和他的朋友们显然已经意识到这些问题。从邹容回国到《苏报》案发前短短 3 个月的时间里，他所有的革命活动都是围绕着这些问题特别是加强革命宣传这一重点问题展开的。其他革命党人如章太炎、吴稚晖等，也早就认识到，需要把和维新派、保皇党的公开论战作为进一步传播革命思想，扩大革命宣传，吸引爱国青年的重要途径和手段。革命思想的传播需要舆论平台，上海的《苏报》逐渐成为革命派发表革命主张的阵地，成为革命派的机关报。《苏报》创办于 1896 年，后来被同情维新派的爱国人士陈范购得。陈范，字梦陂，1889 年考中秀才，曾任江西铅山知县，1894 年因为教案被弹劾罢官，后退居于上海。他的家族还算殷实，祖籍湖南衡山，后迁至江苏阳湖，发展为当地望族。他的哥哥陈鼎曾任职于翰林院，因支持冯桂芬的维新主张，参与戊戌变法获罪，被清政府判处永久监禁。自己和家庭的遭遇，以及长居上海接触到的种种“怪现状”，使得陈范日益认识到清政府积弊重重，亟须重大变革。他的女儿陈撷芬也是一位具有新思想的女性，早在 1899 年就曾在上海创办《女报》，并担任主笔，后来也成了爱国女校的第一批学生。可见这对父女与中国教育会及爱国学社关系密切。陈范还在女儿的建议下，请蔡元培、章太炎、吴稚晖等7名教员轮流为《苏报》撰写评论，报馆则每月给予学社一定的经费支持。可以说，二者互相受利，《苏报》很快就成为爱国学社师生发表爱国言论的重要刊物，后来甚至被吴稚晖提议作为革命派的机关报。南洋公学退学风潮及爱国学社成立前后，《苏报》在上海众多刊物中独树一帜，开辟了"学界风潮"专栏，专门报道和评论各地出现的类似学潮事件。特别是1903年5月底，章士钊被陈范聘为《苏报》主编之后，《苏报》开始转向公开的革命宣传和鼓动。在章士钊的影响下，邹容、章太炎、张继、吴稚晖等革命派积极在《苏报》宣传革命，同时与维新派特别是保皇党展开了激烈的公开论战。

正如前面指出的，维新派包括保皇党仍然在希望改变中国现状的爱国群体中具有相当的影响力。尤其是康有为和梁启超等维新运动的主要代表，他们有长期的办报、办学经验，文字也相当具有感染力和鼓动力，同时在海内外都有较强的现实政治和社会影响力。一种较为广泛的说法认为，革命派与维新派的论战是指 1905 年开始的以孙中山为代表的革命派与以康有为、梁启超为代表的改良派的那次论战。但是实际上，邹容、章太炎、吴稚晖、章士钊等革命党人在 1903 年就已经与康、梁等人展开了激烈的交锋，很多重要论点在这次交锋中已经被明确地提出来。

先是康有为在戊戌变法失败后游历欧洲 10 余国，连续写作了《与同学诸子梁启超等论印度亡国由于各省自立书》和《答南北美洲诸华商论中国只可行立宪不可行革命书》，后又合刊为《南海先生最近政见书》，作为《万木草堂丛书》之一种发表。这两篇书信性质的文章，可谓引经据典、纵论古今中西，对革命派提出的排满革命主张逐条进行批评，从革命残酷、国情特殊等方面立论，并以法国革命、印度亡国等作为例证，以此说明革命终将导致分裂割据，民不聊生。他一方面鼓吹光绪帝的英明；另一方面以孔子作幌子，结合西方资产阶级理论，认为君主专制、立宪与民主三种制度，应该“循序行之”，而当前正处于由专制到民主的过渡时期，也就是立宪时期；如果不遵循这一规律，必将像法国一样天下大乱。他是要以此说明拥护光绪帝复辟的保皇主张的正确性和必要性。他的许多追随者也趁机在爱国群体中加紧了保皇立宪宣传，如经常参加爱国学社张园集会的冯镜如，便多方活动，试图把爱国组织“国民公会”转变为带有立宪色彩的“国民议政会”，大讲特讲其保皇言论。这引起了革命派的警觉，上文提到邹容对于冯氏提议的“国民议政会”之“国民”到底是本国国民还是英吉利国民的讥讽便是在这样的政见冲突下发生的。

革命派也积极行动起来，尤以章太炎和邹容为代表。章太炎在看过康有为的“政见书”后不久，就奋笔疾书写下一封致康有为的公开信，即著名的《驳康有为论革命书》，站在反对君权的民主主义立场上，同样以气势磅礴、纵论古今的气势，从历史的、现实的各种角度，针锋相对地批驳康有为的保皇谬论，抨击清朝政权残忍无道，欺压汉族，甚至讥讽光绪皇帝也并非康有为口中所说的“圣仁英武”的明君，只不过是“未辨菽麦”的“载湉小丑”，即便其复辟成功，也一定会和慈禧一样是个残杀维新党人的暴君。针对康有为指出的革命残酷、流血问题，章太炎也一针见血地指出康有为等人指望清朝政权行立宪之法进而避免流血的主张是天真至极的。针对康有为“公理未明，旧俗俱在”因而不能革命的“国情特殊”论，章太炎也进行了有力的驳斥，并且大声疾呼，“公理之未明，即以革命明之，旧俗之俱在，即以革命去之，革命非天雄大黄之猛剂，而实补泻兼备之良药矣”。这篇被广为传颂的革命檄文既是章太炎长期革命经验、革命思想的一次总结，是章太炎作为早期资产阶级民主革命宣传家的代表作，又是革命派在国内大张旗鼓宣传革命的先声。

邹容作为章太炎的亲密战友，同样也被视为我国早期资产阶级民主革命三大宣传家之一，尽管还不到 20 岁，但已经敏锐地预见了革命即将到来，立志要做革命时代的弄潮儿。他赶紧在自己的行李箱中找出在日本时写作但尚未定稿的《革命军》，但又觉得文字太过浅陋，于是交给他信赖、敬仰的大哥章太炎，请他悉心指教，并帮助加以润色。章太炎看后大惊，虽然感到文字确实过于直白通俗，却极具感染力，很适合向普通群众宣讲。从这件事上，章太炎认识到自己鼓吹革命也有不短的时日了，但收效却很不理想，和邹容的文字比起来，确实是有曲高和寡之嫌，不能为更多人所接受，因此传播效果较差；要使革命思想深入人心，反而是邹容这部《革命军》，无论从内容，还是文字方面，都更为浅近，更能收到事半功倍之效。因此章太炎并没有对这部书稿作大幅度的删改，只是对其进行了必要的文字修饰，便交还给邹容。最初邹容还很担心这部书不能发表，他在请自己的好兄弟章士钊对这本书进行指正并题《革命军》签条时，还焦虑地说，革命只有公开倡言才能收获大的影响力，而我这本书现在还只是秘密的小册子，也不知道哪里有合适的发表机关能让我们恣意酣畅地发表革命主张呢。机会很快就来了。在好友柳亚子、蔡寅等革命党人的筹划和资助下，1903 年 5 月，邹容的《革命军》由上海大同书店刊印，署名为“革命军中马前卒邹容”，章太炎还特地为其作序，以期扩大这本书的影响力。前文已经说到，邹容的《革命军》，不但用通俗浅近的文字历数了

革命軍
鄒容著作
章炳麟鑒定
軍民必備之書

清朝统治者的罪恶，号召人们起来推翻清朝政府，建立“中华共和国”，更重要的是，提出了初步的民主革命建国的纲领，描绘了革命派理想中国的蓝图。

这本小书被刊印之后，立刻在社会上引起了很大反响，一时洛阳纸贵，不但在国内一书难求，被反复刊印，而且不久就传到海外，也受到世界各地爱国人士的疯狂传诵。据有人统计，这本书仅用了不长的时间，刊印量就达到了 110 万册之多！甚至连孙中山也对这本书在宣传革命方面所发挥的奇功大加赞赏，并多次亲自组织对于这本书的刊印和传播。如 1903 年当年他就亲自携带《革命军》到檀香山进行革命宣传工作，还曾把革命组织定名为“中华革命军”，这和前文提到的“同盟会”一样，都表明了孙中山对邹容所作贡献的充分认可。在他和友人的通信中，也专门指出：“此书感动皆捷，其功效真不可胜量！”“今后同志当自称为军，所以记邹容之功也”。十几年后，在他的《建国方略》中，孙中山仍不忘表彰邹容之功，“《革命军》一书，为排满最激烈之言论，华侨极为欢迎；其开导华侨风气，为力者大”。

前面提到的章太炎的《驳康有为论革命书》也在此时被刊印传布出来。这两部中国近代资产阶级革命史上的重要文献被同时刊印，可谓双璧交辉，既预示了中国资产阶级民主革命大宣扬时代的到来，也使章、邹二人声名鹊起，成为腐朽的清王朝终将覆灭的丧钟的敲钟人。

鉴于《革命军》《驳康有为论革命书》在坊间大受欢迎的形势，日渐倾向革命的《苏报》也提前发出消息，准备将这两部书节录刊发。特别是到了 5 月底，章士钊接受陈范的聘任担任《苏报》主笔之后，其所刊革命排满相关文字也更加激烈。邹容、章太炎、蔡元培、吴稚晖等都时常为其撰写文章。这就为革命派与维新派的公开论战提供了更自由、更有影响力的舆论平台。章士钊就职后几乎一日一论，首日就发表了《中国当道者皆革命党》一文，之后又刊发了《康有为》等抨击清朝政府和维新改良主张的文章。邹章二人的《革命军》《驳康有为论革命书》也被连载在《苏报》上，用章士钊的话来说，就是将这两本书的重要主张

“暴露无隐”。之后更是不遗余力地对它们进行宣传，如6月9日刊载了章士钊以“爱读《革命军》者”署名的《读〈革命军〉》，赞誉此书为“今日国民教育之第一教科书”；“新书介绍”栏目中也有介绍《革命军》的文字。第二天又刊发了章太炎的《〈革命军〉序》。邹、章二书中排满革命的主张，特别是《革命军》大胆直白的推翻清朝政权的战斗檄文在很大程度上为革命派壮了胆气。邹容除了自己写稿之外，还常常参与报馆的选稿与编辑工作，他特别偏好“选革命文字登之”，并在这些稿件中特意加上“排满”“满贼”等字眼。《苏报》上类似的文章越来越多。如6月6日刊发的张继的《祝北京大学堂学生》，号召北京的学生可以效仿诸如法国大革命时期的做法，“倒政府”“杀皇帝”；6月18日刊发的《贺满洲人》一文，也高呼“吾汉族之曙光已一发而不可遏，抑视满人为九世深仇，切齿裂眦，磨砺以须”；6月22日刊发的章士钊《杀人主义》，也有“杀尽胡儿方罢手”之语。邹容等人这些激烈的革命排满言论虽然在我们看来确有极端民族主义之嫌、之失，但考虑到那一时代的整体国情，这些做法和言论对于那些对腐朽的清政府仍然有所依恋、心存幻想的人确实起到了振聋发聩的作用。

面对革命派已然公开举起的革命大旗，维新改良派也不甘示弱。如6月8日、9日《中外日报》连载了《革命驳议》一文，继续攻击革命，老调重弹地指出革命势必引起内乱，还会招致外部势力乘虚而入，并且举俄国以平乱为由侵占东三省的例子说明中国当时只能维新改良，革命则万万不可。革命派迅即起而应战，如章太炎、邹容、蔡寅及柳亚子合力撰写了《驳〈革命驳议〉》一文，发表在6月13日的《苏报》上。邹容主要负责文章的最后一部分，他指出数千年专制体制的遗毒使当时的中国根本不可能在短期内实现真正的“立宪”，特别是对于内忧外患的中国而言，立宪已“亟不能待”，革命才是正确选择。他还以大无畏的精神振臂高呼：就用我们这些革命者的头颅和鲜血，来造就新中国的崭新未来吧！那些害怕革命、害怕牺牲的人，请先来喝下我们的一杯血酒壮壮胆儿，千万不要再浪费时间饶舌了，这样只能令自己犹豫不决，止步不前！

多么慷慨激昂的勇士！多么富有感染力的革命檄文啊！年轻的邹容真是一位出色的革命宣传家！在邹容和他的革命战友的努力下，革命派与维新派的公开论战显然极大地扩张了革命的阵营，吸引了无数的革命同情者、追随者，可谓初战告捷！然而这些革命者还没来得及庆祝，巨大的危险却并不令人意外地降临了。

10 《苏报》案发 山雨欲来风满楼

清政府对于爱国群体当中的激烈言论，早有察觉，并已经着手准备查办。6 月 23 日，湖广总督端方在接到由军机处转发的魏光焘关于爱国学社的电文后，便加紧了对于爱国学社等爱国团体的密查，发现正如魏光焘所言，爱国学社的一些人确实“议论狂悖”，立即要求江宁官府查禁拿办；同日他还致电魏光焘，特别指出《苏报》更是“悍谬横肆，为患非小”，需要设法将《苏报》收归官办。第二天，也就是 6 月 24 日，魏光焘复电端方，将设法秘密缉拿以爱国学社为首的革命党人，并查禁《苏报》。在这风雨欲来的危急时刻，以《苏报》为据点的革命党人仍然一如既往地刊布革命文字，一直坚持到报馆被强行关闭。特别是章士钊从章太炎的《驳康有为论革命书》一文中节录出一篇短文，以《康有为与觉罗君之关系》为题，于6月29日发表在《苏报》上，尤为引人注目，其中就包括前文中我们提到的“载湉小丑，未辨菽麦”等讥刺光绪的字句。这些文字无疑强烈地刺激了清朝统治者，更使他们下定决心绞杀这些革命的鼓吹者及其革命宣传工作。很快地方官员就与租界当局经过反复交涉，促使各国驻上海领事副署了拘票，拘票上，邹容、章太炎、陈范等6人的名字赫然在目。举世震惊的《苏报》案发。

虽然《苏报》案发并不让人意外，但整个拘捕过程却颇有些离奇。当然这与爱国学社及《苏报》报馆处于上海租界有一定关系，虽然租界是近代中国受到西方列强挟制压迫的产物，但在《苏报》案中，却成了使邹容和章太炎免受清政府直接残酷迫害的庇护所。尽管清政府与上海各国领事反复交涉，但各国领事不同意清政府私自捉拿邹容等革命者，最终只得由上海租界工部局巡捕房签发拘票进行缉捕。可想而知，捉拿邹容等革命党并非各国领事的核心利益，巡捕房自然只是例行其事，只是到爱国学社和《苏报》报馆走走过场而已。因此，最终拘捕到的邹容、章太炎、程吉甫、钱宝仁、龙泽厚、陈仲彝6人中，除了邹容、章太炎和龙泽厚3人外，其他3人本来就与革命活动没什么关系，即使有参与，也不是主要参与者，因而可能连他们本人都觉得拘捕名单上不会有自己的名字，所以才会轻易地被逮捕。后来他们再加上龙泽厚都被释放，也正说明了这一点。邹容和章太炎之所以最终被拘禁，正是因为他们是清政府与各国领事交涉后所拟拘票上的革命“首犯”。当然还有一种可能，如果章太炎不是执意坚守在爱国学社，而邹容也没有主动去投案，而是像陈范那样闻风而逃的话，幸免于难也不是不可能的。还有一种说法似乎也有道理，那就是《苏报》主笔章士钊，以及爱国学社的活跃分子，也是《苏报》的重要撰稿人之一的吴稚晖之所以能够顺利逃脱，是因为当时负责查办此案的官员俞明震，对这些爱国志士的有意保护。至少章士钊和吴稚晖都与俞明震之子俞大纯私交甚好，章士钊还曾是俞明震在江南陆师学堂的得意门生。他们两人都曾在回忆文章中提到他们能够幸免于难正是因为俞明震的保护。可能正是基于以上两点原因，最终被拘禁的只有邹容和章太炎两人。实际上，从当时清政府涉及此案的各级官员之间的通电来看，邹容和章太炎确实是被清政府视为“首犯”，视为如芒在背的肉中刺，必将置之于死地而后快的首恶分子的。

邹容和章太炎离奇的到案过程是这样的：

6 月 29 日，也就是租界巡捕房虚张声势的抓捕行动的第一天，只在《苏报》馆抓到了账房先生程吉甫，邹容和张继等人在得知消息后便躲到了虹口一个传教士的家中。而章太炎虽然在这之前便已经知道自己在拘捕名单之列，但他却下定决心坐守在爱国学社中静待被捕。果不其然，第二天便被巡捕房捕获。当巡捕房的警员到达爱国学社询问拘票上的人时，章太炎正义凛然地说：别人都不在，你们要拿的章炳麟，就是我！到案不久后，他又专门给邹容和龙泽厚写信，告知二人自己已被捕，并且希望他们来巡捕房同他一起战斗。

7月1日，邹容接到章太炎的信后，顿时感到热血沸腾，稍加思索便决定以身涉险，准备到巡捕房去陪伴章太炎，并同他一起与租界当局特别是清政府作斗争。所以我们可以想象这样一幅画面，一位看起来并不高大甚至有些瘦弱的年轻人，倔强的嘴角紧闭着，笔挺的眉毛微蹙着，乌黑油亮的头发梳理得一丝不苟，意气风发、慷慨激昂地走到巡捕房，朗声喝道："我就是邹容！"对面的巡捕哪里见过这样的人，也从没遇到过这样稀奇古怪的事啊。在巡捕看来，这个自报姓名要求入狱的人不是受人戏弄的傻子就是精神不正常的疯子！于是不耐烦地呵斥邹容："你这小娃娃，书还没读几天呢吧，快走开，别在这捣乱啊！"邹容挺了挺肩膀说："你可别不信，《革命军》就是我作的！"巡捕没想到这个小娃娃胆子还挺大，竟然没有吓走他，他们不相信眼前这个尚显稚气的年轻人就是邹容，"年轻人，不要太狂傲，《革命军》影响这样大，怎么可能是你这样的娃娃能写得出来的！"邹容更不服气了，他把下巴一抬，教训巡捕道："我写的东西可有很多，并不是只有《革命军》这本小册子！你若不信，就把《革命军》找一本来，我好好给你讲解讲解！”巡捕听到邹容这样说，也并未完全相信这个年轻人就是邹容，不过他转念一想，邹容确实在拘捕名单上，几天下来却没有逮到他，上边转来的清政府的意见，说巴县的邹容“最为凶险，非拿办不可”，既然此人自认是邹容，且先不管他是或不是，只要他自己承认是，那至少也算我的功劳一件吧。因此他打开立于邹容前面的铁槛，将邹容收入监狱。

这一到案过程看起来确实很离奇，章太炎、邹容等人的做法甚至让人觉得既鲁莽又可笑。但如果我们设身处地地站在他们当时的状况下去理解的话，却也不难看出他们难能可贵的赤子之心，以及大无畏的革命乐观主义精神。再结合前文所叙邹容幼年时就崇拜谭嗣同这一事实来看，谭嗣同在戊戌变法失败有人劝他逃走时慷慨陈词，“各国变法无不从流血而成，今日中国未闻有因变法而流血者，此国之所以不昌也。有之，请自嗣同始”，这一幕对于邹容在后来的人生中时刻展现出来的不怕牺牲的革命品质的塑造，显然产生了重要影响。章太炎

大约也是如此，他后来在狱中答记者问时的表现也证明了这一点。他说，像我和邹容这样的书生，虽然不能拿起刀剑与满清政府对抗，但是既然我们能够相约一起入狱，早就做好了流血牺牲的准备，这是我们的信念和使命，唯有如此，才能上可对皇天后土，下不负黎民百姓。

虽然有人质疑章太炎邀约邹容主动投案的动机，但不可否认的是二人所具有的大无畏的牺牲精神正是作为革命者最可宝贵的精神品质。当然，从他们到案之后与清政府和租界当局的斗争来看，他们也并非只以牺牲为目的，但求一死，而是配合律师与这两者进行了长达一年左右的周旋，其目的自然是希望通过这样一种悲壮的方式引起外界特别是民众的关注，进而更好地宣传革命排满主张。而且从事后的发展来看，《苏报》案的影响确实非常之大，他们所宣传的革命主张也日益深入人心，这至少能够部分地说明他们的牢狱之灾，甚至牺牲是很有意义的。对他们个人来说，这种牺牲精神和他们的文字一样，不但使他们被公认为中国近代资产阶级民主革命理论最重要的宣传家之一，而且也使他们自身像他们的文字一样永垂不朽！

《苏报》案的审理过程也是一次很好的关于资产阶级民主的生动宣传。虽然清政府千方百计想要将《苏报》案的办理权掌握在自己手中，从而以最严厉的手段来惩治邹容和章太炎这两个令他们既胆战心惊，又痛恨不已的“狂悖之徒”，但由于这一案件发生在上海租界，通常被认为是清政府的法外之地，软弱无能的清政府在领事裁判权和治外法权等方面严重受制于西方列强，各国领事也不希望因为这一案件开了先例，从而造成自己在这些方面的特权受损，同时海内外舆论界也广泛发声向租界当局施压，再加上各国领事各怀鬼胎、错综复杂的关系，使得这一案件俨然成了各方势力竞逐、利益交换的角力场。最终各方频繁交涉的结果是，清政府企图引渡邹容、章太炎从而掌握《苏报》案审理权的计划落空了，但是对于他们两人的处置需要经由租界中的会审公廨进行审理。

会审公廨是由中英两国政府于 1869 年经过谈判协商设立的。主要职能就是审理发生在租界内的华人犯罪案件。虽然会审公廨的谳员由上海道台任命，但由于整个租界都在外国的控制之下，清政府在面对西方列强时一向表现出来的软弱无能自然也在这一案件中展露无遗，因此这一案件审理的决定权仍然被各国列强所把持。他们自然要依照他们引以为豪的所谓“民主社会”的法律程序审理此案，至少在形式上要这样做。其中一个重要决定就是为了保障犯人的基本权利，防止清政府以专制、不人道的方式迫害他们，暂时不将邹容和章太炎引渡给清政府，同时还给二人指定了律师来为他们辩护。这实际上是中西方在政治体制、司法制度等方面巨大差异的一次集中展现。简而言之，如果这一案件移交给清政府处理的话，大概率清政府会立即以谋逆罪将两人处决，甚至会以令人惊悚的方式行刑。这一猜测可以从 7 月 15 日会审公廨的第一次审讯中，清政府作为原告出具的起诉书得到印证。此外还有一个更有说服力的例证。1903 年，爱国记者沈荩披露了清政府与沙俄签订的密约，这也正是那次声势浩大的拒俄运动爆发的原因，很快沈荩就被清政府下令拘捕；并且就在会审公廨审讯邹容的当年7月，慈禧太后下令将沈荩杖毙，行刑的过程极为残暴血腥。如果采用这样的处理方式，显然会遭到各国领事的反对。因为根据西方法律，保护个人言论自由权利，个人有批评政府甚至国家首脑的权利，仅从他们所掌握的邹容和章太炎的不当行为来说，是断然不必将两人处以极刑的。特别是刚刚发生沈荩被以非人道的方式杖毙的事件后，租界当局最终决定不向清政府引渡邹容、章太炎二人，而由自己主导这一案件的审理。更令人哭笑不得的一点是，以往高高在上，以天朝、大清自命的清政府在邹容的西方律师的追问下，竟然临时在法庭上承认自己是这一事件的原告，和被告邹容等人一起请西方“洋大人”为自己“做主”！真是可笑可叹至极了！

会审公廨对于邹容等人的审讯共进行了4次，前两次分别发生于7月15日、7月21日。这两次审讯持续的时间不长，甚至可以说是草草结束。这一方面是由于控辩双方尚没有做好周密的准备，清政府仍然将主要精力放在跟各国协商以便将案件移交给自己处理，而章太炎和邹容此时也依然保持着比较乐观的态度。另一方面也是由于中西司法制度、法律条例等方面的差异所致。不同于当时处于君主专制集权体制下的清王朝，在西方的法律框架下，一个案件进行长期的反复的审理简直是再寻常不过的了，有时甚至是旷日持久的。然而 7 月底沈荩案的发生，不但使各国领事再一次震惊于清政府的专制残暴，终于下定决心不引渡邹容、章太炎二人给清政府，使两人惊险地逃过一劫，而且使清政府和邹容、章太炎二人开始意识到这一案件最终将取决于会审公廨，因此双方都开始认真地为后面的两次审理作充分的准备。

经过几个月的筹备，第三次审判整整持续了 3 天，从 12 月 3 日一直到 5 日。清政府虽然不再要求引渡犯人，但他们仍然紧锣密鼓地与各方密谋，特别是与各国列强进行幕后交易，他们甚至同意放弃对程吉甫、陈仲彝、龙泽厚、钱宝仁的追究，但要求必须对邹容和章太炎进行严惩，至少也要将他们终身监禁。为此，他们经过一番动作，在第三次审判之后不久上海知县汪瑶庭竟然在会审公廨为专门审理《苏报》案而设立的“额外公堂”上，宣布对邹容和章太炎处以终身监禁的判决。这一做法和判决显然是包括英国在内的各国所不能接受的。邹容和章太炎也改变了之前的态度和做法，开始认真配合辩护律师作无罪辩护，积极领会律师传授给他们的陈词技巧。比如，邹容虽然承认《革命军》是自己的作品，但这只是自己在日本留学时期上课所作的听课笔记和读书札记，他也不清楚为什么他的作业会流传出来，《革命军》的小册子也不是他刊印的。

邹容和律师的努力显然是有效的，但是想要得到无罪的判决显然也是不太可能的。清政府在百般交涉、各种手段用尽的情况下，也只好接受了租界当局折中的建议：可以判处邹容、章太炎二人监禁，但刑期最长不能超过 3 年。后来租界当局甚至提出如果清政府不能尽快同意这项建议，他们会在规定的期限后释放案犯。这一交涉的过程显然也是复杂长期的。直到 5 个月之后的 1904 年 5 月 21 日，也就是租界限定的审判期限的最后一天，汪瑶庭才百般无奈地宣布，邹容和章太炎二人“言语纰缪，形同悖逆”，“同恶相继，罪不容恕”；判处邹容监禁2年，章太炎监禁3年，“罚作苦工，以示炯戒。限满释放，驱逐出境”。不难看出，这一判决前后实际是自相矛盾的，也是清政府与租界当局意见分歧的清楚展现。

11 风雨巴山遗恨远

《苏报》案的审理确实是关于近代西方资产阶级民主与法制的一次很好的宣传。相对于君主专制集权制度来说，西方式民主无疑是一种巨大进步。对于当时正在进行的革命宣传是有一定好处的。从邹容的角度来说，他以身涉险，以极大的勇气给国人上了一堂关于资产阶级民主和资产阶级革命的生动一课。这一课有助于革命者获得懵懂的普通国人的同情；这一课有助于尽可能多地争取爱国群众的支持，进而促使他们转向革命；这一课也可以收到戳破维新改良派的天真幻想的效果；这一课更可以直接暴露满清政府统治的残暴无能；更重要的是这一课能很大程度上激发革命者们前仆后继、一往无前的革命勇气。比如，我们所熟知的革命烈士林觉民、卞小吾、吴樾等都是因为受到邹容的《革命军》以及他可歌可泣的革命气概的感召，从而勇敢地走上革命道路并英勇牺牲的。邹容有生之年只有短短的 20 年，却在中国近代资产阶级革命史上甚至在近代中国史上都占据相当重要的位置，其间的原因也正在于此吧。

关于邹容生前的事迹，还有两点引人注意。

一是在会审公廨审理《苏报》案的过程中，从当时的案件审讯记录中可以明确地看到，邹容对社会主义已经有了初步的接触。他在应对律师的问询时，说他在写好《革命军》以后，又看了其他方面的书，认为小册子中的观点是不好的，他已经改变了自己的观点，并且有了新的想法。他同时承认，他现在鼓吹的是社会主义，想了解的也是社会主义，对以前的思想没有兴趣了。我们在前文中已经提到，邹容很有可能是受到律师的引导，出于无罪辩护的考虑，才会有以上的说法。但是不能否认的是，邹容至少已经初步接触了关于社会主义的书籍或思想，比如，他也不止一次在法庭上说，他想作《均平赋》一书，从书名来看，无疑是具有明显的社会主义色彩的。只不过他头脑中的各种思想仍然处于不断的磨合和整合之中，天不假年，邹容不满 20 岁就英年早逝，切断了他转向社会主义的行进道路和可能。

另外一点是邹容和章太炎在被拘禁期间的战斗友情。两人虽然在这之前就已结成忘年交，甚至义结金兰，但共同的牢狱生活，使他们结成了牢不可破、弥足珍贵的挚友。刚刚被关入巡捕房的牢房时，两人生活待遇还算可以，他们互相鼓励，一起关注案件进展，也经由常来探监的柳亚子、蔡寅等人继续关注国内外的情况，特别是革命活动状况。章太炎还专门作诗赞美邹容，并以革命的乐观主义精神，鼓励邹容和自己一起舍生取义。

狱中赠邹容

邹容吾小弟，被发下瀛洲。
快剪刀除辫，干牛肉做糇。
英雄一入狱，天地亦悲秋。
临命须掺手，乾坤只两头。

邹容后来也作诗相答：

狱中答西狩

我兄章枚叔，忧国心如焚。
并世无知己，吾生苦不文。
一朝沦地狱，何日扫妖氛！
昨夜梦和尔，同兴革命军。

1903年8月，在听说了沈荩案后，两人在悲痛之余也先后作诗抒发胸中的愤懑之情。章太炎有诗曰：

狱中闻沈禹希见杀

不见沈生久，江湖知隐沦。
萧萧悲壮士，今在易京门。
魑魅羞争焰，文章总断魂。
中阴当待我，南北几新坟！

沈荩案显然也极大地触动了邹容，他反复斟酌，终于提笔作诗与章太炎相和：

和西狩《狱中闻沈禹希见杀》

中原久陆沉，英雄出隐沦。
举世呼不应，抉眼悬京门。
目瞑负多疚，长歌招国魂。
头颅当自抚，谁为墨新坟？

通过这样的诗歌唱和，邹容更为钦佩章太炎的学识，甚至专门向他学习作诗。在章太炎的指导下，邹容作诗能力突飞猛进，比如《涂山》一诗，就曾令章太炎对他刮目相看，认为邹容真是个天才，他作的诗甚至可与李贺、卢仝的诗作相提并论。

《苏报》案最后审理完毕后，邹容和章太炎被正式投入监狱，生活待遇与之前完全不能相比，饭食令人难以下咽，而且还要终日做苦工。他们还时常受到狱卒的虐待，动辄被施以“软梏”之刑。这种刑罚虽然看似没有被拷打得鲜血淋漓，但即使是平日的悍匪也难以承受，常常是声嘶力竭的号叫声，响彻全狱。一年之间，500 多名犯人被折磨致死的有 160 人之多。两人还曾经商量绝食而死作为反抗，一起写作《绝命词》二首：

击石何须博浪椎（邹），群儿甘自作湘累（章）。
要离祠墓今何在（邹），愿惜先生土一杯（章）。

平生御寇乘风志（邹），近死之心不复阳（章）。
愿力能生千猛士（邹），补牢未必恨亡羊（章）。

绝食失败后，除了一同作诗之外，章太炎还教授邹容佛经，以及先秦诸子学说，一方面打发时光；另一方面也是看到邹容年少气盛，担心他抑郁难抒，助其排解心中的焦躁与苦闷。这种亦师亦友、相依为命的珍贵情谊真是令人为之动容！

然而，非人的待遇和残酷的迫害，还是使邹容于 1905 年 4 月 3 日瘐死狱中，这一天距离邹容 7 月 1 日刑满释放的日子不足 3 个月；而且严格算起来，他当时尚且未满 20 岁！这实在令人唏嘘、悲叹不已呀！

12 至今人念大将军

虽然邹容的一生只有短短的 20 年，但虽死犹生一词用来形容他以及千千万万为国家的富强、民族的复兴、人民的幸福生活而奋斗终生的英烈们，真是再合适不过了。历史已经将他们的功绩、他们的豪言壮语、他们大无畏的精神品质永远地铭刻下来。邹容就是如此。虽然他长期以来被视为“资产阶级”革命理论宣传家，但是他为国捐躯、为民请命的一生具有“超越阶级”的崇高价值，也引来了无数人的赞颂！

比如孙中山，上文已经提及，他不但对邹容的《革命军》给予高度评价，并且充分认可这本书对于当时的革命宣传的价值，亲自组织大规模的对该书的翻印和散发；而且非常喜欢“革命军”一词，甚至将重建的革命组织称为“中华革命军”。

邹容于1903年筹建的“中国学生同盟会”，很可能在名称上启发了孙中山于1905年建立的“同盟会”。特别是辛亥革命成功伊始，孙中山就任中华民国大总统后，立刻就发起了对邹容的表彰，高度赞扬“邹容当国民醉生梦死之时，独能著书立说，激发人心”，下令“照陆军大将军阵亡例赐恤，并祟祀忠烈祠”，这几乎可以说是当时最高规格的褒扬了。孙中山甚至爱屋及乌地表扬邹容家乡的英才们对于辛亥革命的贡献：“惟蜀有材，奇瑰磊落，自邹（容）迄彭（家珍），一仆百作，宣力民国，厥功允多。岷江泱泱，蜀山峨峨，奔放磅礴，导江干岳，俊哲挺生，厥为世率。”

比如毛泽东，与邹容差不多同龄，青年时代的毛泽东想必对邹容和《苏报》案印象深刻。新中国成立后他也多次阅读过与邹容相关的书和材料，对《革命军》一书尤其喜欢，还曾经在《革命军》封面上抄录了上文提到的章太炎在狱中赠邹容的诗。同时他也在不少场合向身边的人和党政高级领导干部介绍和赞扬邹容及其《革命军》。特别是1958年，在四川成都组织召开的中共中央成都工作会议期间，他曾专门抽出时间整理编辑了《苏报》案相关的资料，包括邹容的《革命军》、章太炎的《驳康有为论革命书》两篇雄文，以及张篁溪《苏报案实录》和鲁迅《关于太炎先生二三事》。他还热情地向会上的代表介绍邹容和《革命军》。他说，四川有个邹容，《革命军》就是他写的，他写这书时才十八九岁。我从北京来之前，还专门找这本书又看了一下，里面大体上提出了一个民主革命的简单纲领。他还盛赞邹容是青年革命家，其著述秉笔直书，热情洋溢，《革命军》就是用浅近通俗的文言文写成的，很好读，可惜英年早逝。不久，他在和吴冷西、田家英的一次谈话中，也夸赞邹容、章太炎等资产阶级革命派当年办报纸，都是既不怕坐牢，也不怕杀头的。他还特地提及二人被捕细节，以说明他们的英勇：当警察来抓章太炎时，章太炎从容镇定地说，“别人都不在，要抓章太炎，我就是”；邹容不是被捕的，但知道章太炎被捕后，不忍让他尊敬的这位老师独自担责，毅然自行到巡捕房投案。能同时被孙中山和毛泽东两位伟人如此赞颂的人恐怕很少吧。

鲁迅在《杂忆》一文里回忆辛亥革命前的革命宣传时，也肯定了邹容及其《革命军》在当时独一无二的巨大影响：“便是悲壮淋漓的诗文，也不过是纸片上的东西，于后来的武昌起义怕没有什么大关系。倘说影响，则别的千言万语，大概都抵不过浅近直截的‘革命军中马前卒’邹容所做的《革命军》。”

无数人感叹邹容短暂却辉煌的一生；也常常有人假设，如果天假其年，邹容是否能创造更多更大的功绩呢？答案应该是可能的吧。前文我们提到过，著名学者钱穆在《中国历代政治得失》里考察中国的考试制度时，还特意提到邹容，赞扬他真正认识到了清朝考试制度的本质。这很能说明邹容极赋天资并且具有敏锐的洞察力。他与陈独秀在日本时关系密切，还曾一起“快剪刀除辫”！在会审公廨上他自己也公开宣称他“现在鼓吹社会主义”，开始思考“均平赋”的问题，如果他还有时间和机会继续走下去的话，说不定他真会给后人带来更多的启发和惊喜。

图书在版编目（CIP）数据

邹容 / 张海鹏主编；刘秀俊编著. --北京：学习出版社，2022.11

（中华先烈人物故事汇）

ISBN 978-7-5147-1141-7

Ⅰ.①邹…　Ⅱ.①张…　②刘…　Ⅲ.①邹容（1885-1905）—传记　Ⅳ.①K827=52

中国版本图书馆CIP数据核字（2022）第039543号

邹　容

ZOU RONG

主编/张海鹏　副主编/赵兴胜　编著/刘秀俊

责任编辑：徐　阳　　封面绘画：刘书移
技术编辑：胡　啸　　内文插图：韩新维
美术编辑：杨　洪

出版发行：学习出版社
北京市东城区崇外大街11号新成文化大厦B座11层（100062）
010-66063020　010-66061634　010-66061646

网　　址：http://www.xuexiph.cn
经　　销：新华书店
印　　刷：河北鹏润印刷有限公司

开　　本：787毫米×1092毫米　1/32
印　　张：5.25
字　　数：74千字
版次印次：2022年11月第1版　2022年11月第1次印刷

书　　号：ISBN 978-7-5147-1141-7
定　　价：20.00元